新时代脱贫攻坚研究系列

张　琦 主编

不让一个老区群众掉队

江西赣州脱贫攻坚经验

张　琦　张艳荣　王玉海 等著

北京师范大学出版集团
BEIJING NORMAL UNIVERSITY PUBLISHING GROUP
北京师范大学出版社

本书由北京师范大学中国扶贫研究院和甘肃农业大学财经学院联合课题组完成。

课题调研及报告撰写成员

张　琦　北京师范大学中国扶贫研究院教授

王玉海　北京师范大学地理科学学部教授

张艳荣　甘肃农业大学财经学院教授

张鹏飞　北京师范大学地理科学学部博士

曹　委　甘肃农业大学财经学院硕士研究生

郭　琳　甘肃农业大学财经学院硕士研究生

孟　娜　甘肃农业大学财经学院硕士研究生

刘巧彦　甘肃农业大学财经学院硕士研究生

李　蓉　甘肃农业大学财经学院硕士研究生

史志乐　中国农业大学马克思主义学院讲师

张　涛　北京师范大学中国扶贫研究院讲师

孔　梅　北京师范大学中国扶贫研究院博士生

李世珂　北京师范大学中国扶贫研究院研究助理

目　录

概　要

2015年11月，中共中央、国务院颁布《中共中央国务院关于打赢脱贫攻坚战的决定》，提出到2020年，农村贫困人口实现脱贫，全面建成小康社会。这是改革开放以来，伴随中国走向新时代，中国共产党作出的庄严承诺，也是声势浩大的社会主义事业的伟大实践。到2020年现行标准下的贫困人口全部脱贫，如期打赢脱贫攻坚战，这在中华民族几千年历史上将是首次整体消除绝对贫困现象，对中华民族、对整个人类都具有重大意义。举国扶贫是我国目前改变贫困地区落后面貌的主要战略任务之一，在新时代习近平总书记扶贫重要理论指导下，为取得这场特殊战役的胜利，全国上下倾尽其力，听从指挥、积极落实，团结一致向前迈进。追溯历史，我国贫困地区居多，特别是老区人民还生活在温饱线以下，但乐观的精神指引他们为生活、为希望不断拼搏。在历史的车辙上，可以看到中华儿女不屈的乐观奋斗精神！放眼当下，老区人民"不忘初心、牢记使命"，满怀感恩为脱贫攻坚战奉献一己之力，将脱贫攻坚战打响、打亮。

红色圣地、革命摇篮赣州作为老少边穷地区，更是起风气之先，在脱贫攻坚战中谱写了一曲新时代的凯歌，充分证明了党的十八大以来以习近平同志为核心的党中央关于三大攻坚战中脱贫攻坚战决策部署的正确性，充分实践了习近平新时代中国特色社会主义思想及习近平总书记关于扶贫开发的系列重要论述，不断优化与完善国家贫困治理体系，促进治理体系现代化，极大地鼓舞了全国其他贫困地区打赢脱贫攻坚战并全面建成小康社会的决心与信心。赣州如今已全面实现脱贫摘帽，走上振兴发展的可持续发展之路，成为高质量脱贫攻坚的示范。在中国扶贫理论素材积累过程中，赣州的代表性与示范性不言而喻。赣州探索开创的许多实践经验，不仅为全国脱贫攻坚提供了可资借鉴的实例，而且可借此提炼出中国特色社会主义实践模式。

一、起风气之先，发端"不忘初心"

举国扶贫战略是中国新时代征程的必经之途，体现出中国共产党"不忘初心、牢记使命"的历史责任担当。党的十八大以来，扶贫开发工作纳入"四个全面"战略布局，作为实现第一个百年奋斗目标的重点工作，被摆在了更加突出的位置。《中共中央国务院关于打赢脱贫攻坚战的决定》提出，我国扶贫开发已进入啃硬骨头、攻坚拔寨的冲刺期，要在限定的时间内，打赢一场脱贫攻坚战！

　　我国广大的农村地区的贫困问题由来已久、尾大不掉，而赣州作为老少边穷地区，贫困问题尤其严重。赣州的贫困"量大、面广、程度深、持续时间长"，全市 18 个县级政区中，有 11 个贫困县、932 个贫困村、167 个深度贫困村、115.03 万建档立卡贫困人口，是江西省贫困面最大的地区，也是全国较大的集中连片特困地区之一，脱贫扶贫是赣州持之以恒的工作重点。赣州又是全国著名的革命老区、红色政权根据地，具有红色基因的传承和艰苦卓绝的长征精神。赣州人穷则思变，起风气之先，很早就开始了扶贫脱贫和振兴老区的建设事业。自 1987 年起，赣州在原地质矿产部、原国土资源部定点扶贫帮扶下，开展脱贫振兴工作。至今赣州脱贫经历了矿业扶贫着手、开展扶贫攻坚、综合扶贫开发、坚持规划先行、实施精准扶贫五个阶段，取得了巨大成效。2012 年以来，赣州与原国土资源部、自然资源部一道，针对赣州经济发展和脱贫攻坚的需求，在地质矿产与土地资源方面采取了一系列脱贫攻坚措施，取得了重大成绩。这一振兴大业也很早就得到了中央领导及国务院领导机构的肯定、重视与支持。2011 年，习近平同志专门对赣南的振兴发展作出批示；2012 年，国务院专门出台《国务院关于支持赣南等原中央苏区振兴发展的若干意见》。赣州扶贫以此为契机，迈上了一个新台阶。赣州市全力以赴抓好政策配套、民生改善、资金支持、重大项目和平台建设等工作，着力推进各项重大规划的落实，坚持民生优先，把解决突出民生问题作为赣南苏区振兴发展的首要任务。

　　习近平总书记到赣州视察时，在**于都县**号召全党要"不忘初心、牢记使命"，重整行装再出发。他说："这里是中央苏区，是红军长征的出发地。……我来这里也是想让全国人民都知道，中国共产党不忘初心，全中国人民也要不忘初心，不忘我们的革命宗旨、革命理想，不忘我们的革命前辈、革命先烈，不要忘了我们苏区的父老乡亲们。"①赣南作为著名的革命老区，是中国共产党的初心使命的重要发源地，也是苏区干部好作风的主要发源地。坚守"为民"的初心与扶贫脱贫一脉相承，赣州扶贫就是践行中国共产党的初心使命。

赣州之所以能够起风气之先，对扶贫振兴常抓不懈，不只是基于克服贫困的现实任务，还是出于中国共产党的初心使命的高度自觉。如今，赣州市委市政府提出要打响"初心发源地"品牌，结合赣州红色资源优势，增强主题教育的针对性和实效性，把为民初心落实到扶贫振兴的实际之中，着力建设革命老区高质量发展示范区。

二、思想做引领，探索"脱贫攻坚"

赣州脱贫攻坚是习近平新时代中国特色社会主义思想的生动实践。扶贫开发是习近平新时代中国特色社会主义思想的重要组成部分，习近平关于精准扶贫、精准脱贫及扶贫攻坚的战略思想是马克思主义中国化的重大理论发展成果。

首先，习近平关于扶贫的重要论述回应了时代的问题。习近平本着中国共产党的初心使命，针对国际形势"千年未有之大变局"，提出我们处于新时代的崭新认识。中国消除贫困的时间窗口，也是应对时局、寻

---

① 《重整行装再出发——在长征出发地领悟初心与使命》，载《光明日报》，2019-06-11。

求突破的关键所在。面对当今复杂多变的国内外形势，扶贫攻坚夯实了基础，拓展了国内市场，增大了应对国际局势变动的政策腾挪空间。其次，习近平关于扶贫的重要论述是他的战略思维构成的重要一环。扶贫攻坚是保底战略，是我国新时代战略架构的必要构成内容和基础环节。2013 年开始实施精准扶贫精准脱贫基本方略，2015 年作出"打赢脱贫攻坚战"的决定，精准扶贫直接提高了贫困地区贫困群体的收入，遏制和扭转了两极分化导致的社会阶层固化和鸿沟加深的趋势，为国家和百姓尤其是贫困百姓消除了后顾之忧。扶贫攻坚为国家发展夯实了基础、补齐了短板、筑牢了堤坝，提升了发展的容量。最后，习近平关于扶贫的重要论述是他针对农村发展的实践探索体系的一部分。扶贫攻坚并不是一项突击性工作任务，而是一项体现我党初心使命的社会主义事业，不同阶段有不同重点，也有不同方略举措。2020 年扶贫攻坚战结束，但扶贫开发振兴的任务并没有结束，深度贫困地区的脱贫任务还很重。一方面要巩固脱贫成果，另一方面要后续跟进。习近平总书记指出，"脱贫不脱政策"，"把乡村振兴战略作为新时代'三农'工作总抓手"[①]。2017 年党的十九大报告已经提出了乡村振兴战略，《乡村振兴战略规划（2018—2022年）》也提出要"推动脱贫攻坚与乡村振兴有机结合相互促进"。

党的十八大以来，以习近平同志为核心的党中央始终挂念革命老区的发展，肯定老区人民作出的历史贡献和付出的沉重代价，将革命老区振兴发展放在重要位置，对革命老区振兴发展作出一系列新决策新部

---

① 习近平：《把乡村振兴战略作为新时代"三农"工作总抓手》，载新华网，http：//www.xinhuanet.com/politics/2019-06/01/c-1124570735.htm。

署，提出一系列新思想新观点，形成了系统化的新时代革命老区振兴发展思想，构成了习近平新时代中国特色社会主义思想体系的重要内容，为革命老区振兴发展指明了方向。赣州扶贫脱贫还得到了习总书记的亲自指导。习总书记高度关爱这片红土地，先后 9 次作出指示批示，推动出台《国务院关于支持赣南等原中央苏区振兴发展的若干意见》(简称《若干意见》)。国家相关领导部门也相继出台了 12 个"国字头"指导支持文件。2019 年 5 月 20 日，习近平总书记到赣州来视察指导工作，对《若干意见》实施的七年成绩给予了充分肯定。习近平总书记总结：《若干意见》实施的七年取得了重大进展，振兴发展取得了重大进展，经济保持了快速的增长，年均增长超过 10％，特色产业快速发展，我们的产业发展得比较好，创新能力大大增强，城乡面貌大变化，民生问题得到了较好的解决。所以赣南苏区的振兴发展是全国革命老区发展的一个缩影，也是江西发展的一个缩影，我看了以后感到十分欣慰。① 习近平总书记对赣州的脱贫攻坚工作给予了充分肯定，总结赣州的脱贫攻坚取得了决定性胜利。正因此，赣州人民感恩奋进，以脱贫攻坚为统领，促进了经济社会高质量发展，使赣州成为革命老区高质量发展示范区。

三、实践出真知，构建"扶贫体系"

赣州市委市政府领导班子率先垂范，深入学习习近平新时代中国特色

---

① 参见客家新闻网-赣南日报：《赣南苏区振兴发展取得阶段性重大成效》，2019-06-28。

社会主义思想，将脱贫攻坚作为检验"两个维护"的试金石，推动各方力量、各项工作、各种资源向脱贫攻坚聚焦，按照打好脱贫攻坚战的新要求，将脱贫质量放在首位，开展查缺补漏、整改提升、巩固成效，脱贫基础更扎实、脱贫成效可持续，取得了显著成效。赣州市的扶贫脱贫一方面全面落实精准扶贫精准脱贫基本方略，另一方面结合本地实际进行实践探索，如今已经形成了三位一体的"扶贫模式"：以问题为导向的目标瞄准模式＋以激励约束为导向的监督考核模式＋以效率为导向的资金与项目对接模式。这样把市、县、村镇三个层面的积极性都调动了起来，也把目标、过程、结果三个阶段的要求统一了起来，既将精准扶贫落实到位，又将地方特点差异充分纳入进来，取得了高质量脱贫的实践效果。

1. 以问题为导向的目标瞄准模式。

一是精准识别对象，以政府为主导、将群众的参与权与监督权落实到位，建立干部直接联系服务群众的"双向全覆盖"工作机制，深入细致做好贫困对象的精确识别、复核认定和建档立卡工作，形成"七步工作法"（农户申请、村民小组评议、组级公示、村民代表大会审核、村委会公示、乡镇复核及县扶贫办批准、村公告）。二是精准帮扶，推行市级领导包县、县级领导包乡、乡镇领导包村、双联干部包户的"四包责任制"，开展市领导"六个一"帮扶工作与单位定点扶贫工作，实现单位定点扶贫全覆盖。采取"一村一策，一户一法，责任到人，限期脱贫"，分析农户致贫原因，采取因人施策、精准滴灌、靶向治贫的组合式帮扶政策。三是精准脱贫退出认定，实行精准脱贫退出"七步工作法"，确保脱贫退出的标准、程序严格、规范、透明，同时开展脱贫退出"回头看"，对漏评、错退现象"零容忍"，确保高质量脱贫不返贫。

2. 以激励约束为导向的监督考核模式。

制定《赣州市脱贫攻坚督查工作实施方案》，经常性开展督查指导。一是明确责任，实行"谁主管、谁调查，谁登记、谁审核，谁录入、谁负责"的背书责任制，及时做好贫困户动态调整。二是形成监督机制，把专项督查、明察暗访、媒体监督和第三方评估作为工作常态，形成一个覆盖扶贫各环节且能够发挥整体效能的全方位的精准扶贫监督机制。三是建立健全考核评价指标体系，实行差别化考核，逐步降低贫困地区城市建设、经济总量等硬性考核指标的内容及权重，重点加强对减贫数量、贫困人口收入增幅、基础设施和公共服务改善情况的考核。四是严格实行奖惩制度，把扶贫绩效与干部选拔使用挂钩，将精准扶贫纳入领导干部个人年度绩效考评工作内容，充分地调动扶贫干部工作积极性。

3. 以效率为导向的资金与项目对接模式。

一是出台政府性投资脱贫攻坚工程项目招投标办法，颁布统筹整合财政涉农扶贫资金项目及资金管理的一系列政策措施，按照"乡村提需求，扶移管项目，财政管资金，资金跟着项目走，监督跟着资金走"原则，统筹各部门项目、整合各部门财政涉农扶贫资金，实现"资金池"与"项目池"的精准对接，形成了"多个渠道来水、一个池子蓄水，大类间打通、跨类别使用、一个龙头放水"的扶贫资金投入、使用新格局，实现了由"资金等项目"向"项目等资金"转变。二是优化扶贫资源整合利用机制，将政府决策部门、财政部门、执行部门及监督管理部门之间的交叉工作重新整合，建立资源筹措的新机制，为扶贫工作的资金投入提供绿色通道。这一做法得到江西省人民政府充分肯定，并在全省推广。三是充分调动各地积极性，探索扶贫资金使用办法。如兴国县探索的建立健全财政涉农扶贫资金整合机制的做法，完善了财政涉农扶贫资金管理，提高了财政涉农扶贫资金使用效益，为有效协调扶贫资金与扶贫项目间的对接提供了多途径破解之策。

四、动力由内生，形成"脱贫机制"

聚焦贫困、克服贫困，需要各方面力量的聚合。在党中央、国务院发出打赢脱贫攻坚战的号召之后，全国上下都积极投入脱贫攻坚战之中。只有把各方面的力量统筹聚合起来，才能形成真正的扶贫脱贫力量，而这取决于恰当的扶贫机制。上下同欲者胜，扶贫开发是全党全社会的共同责任，要动员和凝聚全社会力量广泛参与。赣州在这方面最为用心，一直在探索如何将贫困户、贫困村的主体自觉性与地方政府主导推进以及外部帮助引导相结合，形成了外部多元措施帮扶与内部自我脱贫努力互补的"扶贫机制"，构建了多方力量、多种举措有机结合和互为支撑的"三位一体"大扶贫格局。

1. 激发贫困主体内生动力，增加贫困主体自我脱贫意识。

赣州市在脱贫攻坚工作中立足于调动贫困地区和贫困人口积极性，有效激发贫困户的内生动力，增强脱贫群众勤劳致富的信心，实现贫困户由"要我脱贫"向"我要脱贫"转变。一是注重扶贫先"扶志"。通过树立脱贫光荣的"风向标"，破除贫困群众"等靠要"等不良思想倾向的滋生和蔓延，激发了自主脱贫的"内动力"，凝聚了脱贫攻坚的"正能量"。二是深入推进脱贫攻坚十大项目，拓宽农民增收渠道，增加农民收入，提升农民幸福感。三是培养内源化动力，提升农户自身"造血"能力。借助消费扶贫激发贫困户的主动性和积极性，为其提供稳定的增收渠道；借助就业扶贫激发贫困户的内源性脱贫动力，把人口压力转化为资源优势，实现由人口资源向人力资本的有效转变；借助产业扶贫奠定产业发展的自生能力，形成多元主体参与的地方特色产业体系。

2. 发挥地方政府扶贫主导作用，构建扶贫脱贫的大格局。

赣州市构建了专项扶贫、行业扶贫、社会扶贫等多方力量、多种举措有机结合和互为支撑的"三位一体"大扶贫格局，形成了党政一把手抓扶贫、出台一系列"1＋N"扶贫新举措、社会各方面共同参与"一盘棋"的新格局，脱贫攻坚成为赣州市上下一心的共同行动。一是在脱贫攻坚的"新长征"路上，鼓舞干部队伍继续弘扬老区苏区精神，树立脱贫致富、加快发展的雄心壮志。各级领导以身作则，将长征精神、苏区精神与脱贫攻坚工作相融合，传承红色基因，充分发挥苏区干部的好作风。二是构建"企业＋合作社＋贫困户""企业＋基地＋中介＋贫困户""企业＋村集体经济＋贫困户"等利益联结机制，打破小农经济的局限性，使贫困户跳出小农经济束缚，实现与现代农业的有机衔接。三是形成"五个一"产业扶贫机制(选准一个产业、打造一个龙头、建立一套利益联结机制、扶持一笔资金、培育一套服务体系)，建立政府、市场、社会多元主体参与的特色产业体系，多元产业互补式渗透于赣州市农村经济，从产业发展的前期、中期到后期统筹布局，搭建起区域经济增长的产业体系。

五、上下紧结合，致力"整体推动"

在当前脱贫攻坚的责任体系中，"市县抓落实"是地方实践的重要环节。赣州市贫困面广，在市级层面推进脱贫攻坚和取得的整体脱贫效果也就成为赣州市的任务要求与显著特色。事实上，赣州市的脱贫攻坚实践也充分显示了市级层面与区县基层相结合整体推进扶贫脱贫的总体效果。市级党委和政府落实中央决策部署、推动实践创新，区县基层从实际出发、探索适宜的扶贫脱贫现实路径。如此，从政府到群众再到各种社会力量上下结合，大家齐心协力扶贫济困，形成了地级市整体的脱贫攻坚氛围，也体现出了尊重实践的首创精神。

1. 市级层面主要是进行全面布局、提炼总结、重点指导，以求在全市整体推进扶贫脱贫。

一是进行顶层设计，全方位谋划布局精准扶贫精准脱贫，构建了精准扶贫的政策体系。赣州市先后出台了《关于全面打赢脱贫攻坚战的实施意见》《关于深入贯彻习近平总书记扶贫开发战略思想以脱贫攻坚统揽经济社会发展全局的意见》《关于打赢脱贫攻坚战三年行动的实施意见》等系列文件，制定相关组织管理规定，如《关于进一步落实驻村帮扶尽锐出战的通知》《关于加强基层党建为脱贫攻坚提供组织保障的意见》《中共赣州市委办公厅印发〈关于进一步加强农村基层党建工作的若干措施〉的通知》《关于支持村级集体经济发展壮大的若干措施》等文件。二是实施具体项目。赣州市立足实现长久扶贫效益，实施了脱贫攻坚的十大项目，为实施脱贫攻坚的具体实践提供指导。三是提供组织保障，成立市、县、乡三级社会扶贫网工作领导小组，建立社会扶贫网联席会议机制，确保工作高效运转。四是对区县基层经验总结推广。赣州市对各县（市、区）在脱贫攻坚工作中的创新做法进行总结，在全市推广，有效解决各县（市、区）脱贫攻坚工作难点。五是重点寻求产业突破，实施《赣州市"十三五"农业产业精准扶贫规划》《赣州市农业产业扶贫五大行动工作方案》，还具体出台支持脐橙、蔬菜、油茶等特色产业发展的政策举措，如《关于加快赣南脐橙产业发展升级的实施方案》《赣州市蔬菜产业发展规划（2017—2025 年）》《关于进一步加快油茶产业发展的实施意见》《赣州市"产业扶贫信贷通"工作方案》等文件。

2. 区县基层主要是从实际出发探索实践，以求重心下移、压实责任、彰显各地特色。

一是各县（市、区）根据各地资源条件和发展实际，在落实赣州市出台的各类扶贫政策的同时，结合本地实际，进行探索实践。如兴国县以"大村长"制推进脱贫攻坚，把脱贫攻坚责任精准压实到人，把工作精准落实到村；会昌县探索"三个小组"主导的基层治理体系，以村民小组为主体、党小组牵头、妇女小组参与的形式，协助村两委、驻村干部等做好基层活动组织，为基层组织增添力量。二是有效解决各县（市、区）脱贫攻坚的工作难点。例如，安远县欣山镇人多地少、矛盾突出，为破解村居收入不平衡的问题，2019 年以来，立足本地优势，先行先试集体经济发展新模式，成立了村级集体经济公司，探索出抱团发展、以强带弱、抗市场风险程度高的方式来发展集体经济，开辟了新途径。三是以产业扶贫和就业扶贫为重点，各县（市、区）按照"五个一"的要求，立足资源禀赋和发展基础，着力抓主导、强特色、育品牌，探索适合各地实际的扶贫新路。四是各县(市、区)根据实际探索利益联结发展机制。例如，引进和培育一批利益联结紧密、带动力强的龙头企业，引导各类经营主体带动贫困户发展扶贫产业，构建多种利益联结机制，同时积极发挥财政资金的撬动作用，帮助农户解决产业扶贫资金需求大、融资难问题，实现产业扶贫全覆盖。

六、内外能联动，发挥"帮扶作用"

脱贫攻坚是全国性的大战略。在当前的大扶贫格局中，发达地区支援欠发达地区的结对扶贫协作以及党政军机关、企事业单位开展的定点扶贫工作是中国特色扶贫开发事业的重要组成部分，也是中国政治优势和制度优势的重要体现。赣州作为革命老区和红色苏区，自然得到了党和国家的关心扶助。尤其是 2012 年《国务院关于支持赣南等原中央苏区振兴发展的若干意见》颁布实施以来，党和国家的帮扶从政策到项目再到人才及资金等方方面面，赣州得到了前所未有的支持扶助。国务院及国务院办公厅下发 10 个赣州扶贫振兴的相关文件；国家 39 个对口支援部委出台了 88 个实施意见或对口支援具体政策措施，结合受援县(市、区)实际量身定制扶持措施，在政策、资金、项目、人才、信息等方面给予全方位支持；29 个江西省直厅局出台了支持帮扶赣州的实施意见，或与受援县(市、区)签订战略合作协议；再加上自 1987 年起，原地质矿产部、原国土资源部就一直定点扶贫赣州，由此在赣州形成了多层次、宽领域、立体化的帮扶支持体系。

赣州的脱贫攻坚在内外联动、更好发挥帮扶作用上进行了卓有成效的探索。如何将内外力量结合起来，把外部支持的推动力转化为内源发展的内驱力？**一是抓政策机遇，进行谋篇布局**。完善优化发展思路，科学厘定赣州未来发展基本方略，切实明晰振兴发展"路线图"，全市"一盘棋"振兴发展，提出把赣州建设成为"革命老区扶贫攻坚示范区"的目标，以此为平台推进赣南苏区的振兴发展。**二是促进优惠政策落地实施**。赣州市自 2012 年 1 月 1 日起执行西部大开发税收政策，意味着对设在赣州市的鼓励类产业的内资企业和外商投资企业按 15% 的税率减征收企业所得税。这一政策直接惠及赣州 20 多个产业、3.5 万户企业，大大提升了赣州投资环境竞争力，是财政部、海关总署、国家税务总局联合帮扶支持的体现。**三是抓政策配套**。在民生改善、资金支持、重大项目、平台建设等方面，着力推进了 42 项重大规划和方案、194 项行动计划、27 项试点和示范事项，在城乡统筹、扶贫开发、投融资等方面先行开展政策探索，构筑政策洼地和区域性发展高地。**四是充分利用帮扶部门行业优势**。如与自然资源部一起就如何进一步实施好城乡建设用地增减挂钩、重大建设项目耕地占补平衡、土地综合整治、矿山修复治理、地质灾害防治等自然资源管理政策支持脱贫攻坚进行探索；再如 2013 年，原国家旅游局、国务院扶贫办正式批复同意在赣州市设立"国家旅游扶贫试验区"，国家发改委正式确定赣州为第二批国家低碳城市试点，助力赣州绿色崛起。**五是突出重点，突破瓶颈**。如与新华社开展消费扶贫战略合作，借助新华社搭建的"新华 99"创新电商平台搭建农副产品线上交易平台，提升扶贫效益；再如合作打造中国汽车零部件（赣州）产业基地、国家印刷包装产业基地。此外，引进诸如神华集团、中国机械工业集团、中海集团、华润集团等世界 500 强、央企和大型民企。

七、党建来引领，提高"治理能力"

一个良好的基层治理体系是巩固脱贫成果的组织保障，党建扶贫是一种具有中国特色的扶贫方式。在脱贫攻坚工作中，应充分发挥党组织的政治与组织优势，为打赢脱贫攻坚战提供有力的组织保障。近年来，赣州市始终把脱贫攻坚工作作为一号工程来抓，探索党建工作和精准扶贫、经济发展互动共融新路子，扎实推进抓党建促脱贫工作，在治理能力提升和基层治理体系现代化方面也形成了突出的特色。

一是构建了综合性、差异化的政策支持体系。通过建立健全组织领导、责任落实、资金投入、督查考核等长效机制，针对解决贫困县和贫困农户多元化的减贫与发展需求，积极探索村集体经济增收新模式、持续推进定点帮扶新措施、深度培育党建典型新经验，精准施策、靶向扶贫，践行"工匠精神"、锻造"脱贫精品"，为全面打赢脱贫攻坚战注入新活力。**二是在脱贫攻坚工作中强化了基层党组织**。在脱贫攻坚工作中，紧紧围绕队伍建设抓党建，建立政治功能齐全、组织能力强的基层党组织，有力地促进了扶贫开发工作与基层党建工作的良性互动。通过优化机制、巩固基础、营造氛围，推动党员干部沉下心来抓好精准扶贫，打造了一支能吃苦的定点式帮扶队伍。**三是为基层党员队伍注入红色基因**。在扶贫工作中坚持党建先行，引导广大党员干部以革命先烈先辈为镜，不忘历史、不忘初心，敢于斗争、善于斗争，勇于战胜各种艰难险阻、风险挑战，为奋力夺取中国特色社会主义新胜利作出赣州应有的贡献。**四是提升了干部队伍的综合能力**。为进一步增强农业的发展后劲、促进农村生产力的发展，通过"资源利用、产业带动、资产经营、服务创收、土地开发、政策利用、异地置业"等方式大力发展村集体经济，变输血式帮扶为造血式扶贫。赣州市聚焦"两不愁、三保障"目标，尽锐出战、精准施策，扎实稳步推进脱贫攻坚各项工作落实，干部队伍的政策理论水平和专业技能得到很大提高。**五是引导培育社会组织**。在脱贫攻坚工作中，赣州市扎实推进基层组织建设，坚持正向激励与反向约束机制，构建层级式的治理体系，将基层治理重心逐步下移，发挥"三个小组长"（党小组长、村民小组长、妇女小组长）的作用，进一步夯实党的执政基础和群众基础。

八、立意于长远，培基"乡村振兴"

赣州已完成区域性整体脱贫，截至 2019 年年底，全部 801 个"十三五"贫困村脱贫退出，11 个贫困县全部实现脱贫摘帽。习近平总书记说，赣州的脱贫攻坚取得了决定性胜利。2019 年 12 月 29 日，《经济日报》头版头条《高质量脱贫攻坚作示范——江西赣州建立稳定脱贫长效机制的实践与探索》评价，赣州为全国革命老区的高质量脱贫作出了示范。赣州高质量脱贫为后续乡村振兴奠定了良好的基础，也探索出了一条绿色减贫的可持续发展之路。

一是构筑起了稳定脱贫的长效机制。赣州高质量脱贫的最大特点和亮点之一就是构筑起了稳定脱贫的长效机制。赣州建立起了稳定、可持续的产业脱贫机制，各地结合地方经济社会发展实际，找准致贫原因，立足资源禀赋和发展基础，因地制宜发展产业、扶持就业。在产业扶贫方面，赣州市首创和推行"五个一"机制，在致贫原因、地方实际、产业发展、收益促进之间建立利益联结机制。通过直接发展产业和建立新型农业主体相联结的方式，近年来赣州还先后探索出包括产业扶贫、金融扶贫、电商扶贫、就业扶贫、社会扶贫、消费扶贫、健康扶贫在内的多种可复制、可推广的扶贫模式，推动精准扶贫走向深入、走向实际、走向人心。

二是建立起了防止返贫防护体系。赣州市在防止返贫方面"先行一步"，早在2012年就开始建立覆盖所有贫困户和贫困边缘户的信息网络，跟踪监测、动态预警。针对大量贫困户和贫困边缘户的致贫、返贫原因（主要是疾病和意外事故）构建起基本医保、大病保险、疾病医疗商业补充保险、医疗救助"四道保障线"，城乡贫困人口住院个人自付比例控制在10%以内。与此同时，还积极实施教育扶贫工程，阻断贫困的代际传递。

三是实现了与乡村振兴的有机衔接。赣州市早就瞄准了打赢脱贫攻坚战之后如何巩固和发展乡村的问题，2018年5月出台了《关于实施乡村振兴战略的意见》，按照"产业兴旺、生态宜居、乡风文明、治理有效、生活富裕"的总要求，提出"以摆脱贫困为前提，着力打赢脱贫攻坚战，全面实施乡村振兴战略"。赣州市大力推进村庄整治，统筹推进贫困村基础设施、生态环境、公共服务项目建设，加大对危旧房、空心房的改造力度，推进农户家庭环境卫生整治，整体改变贫困面貌，将脱贫致富和乡村的生态宜居、文明新风结合起来，努力实现乡村振兴与脱贫攻坚互融互促。赣州在二者的结合上突出呈现三个特点：政策指向上由"特惠定制"转向"全民普惠"，产业发展上由"快速脱困"转向"可持续发展"，文化建设上由"传统习俗"转向更高标准的"乡风文明"。

四是走上了一条绿色减贫的可持续发展之路。赣州市地处山区，位于南岭山地、武夷山脉、罗霄山脉的交会地带，是南方丘陵山地生态屏障组成部分，又是赣江、东江的源头，其水源涵养和水质净化功能对江西省和珠三角区域都有重要的意义。赣州秉持"山水林田湖草是一个生命共同体"的生态系统保护理念，统筹区域内各类生态环境要素，建立生态保护修复与经济社会良性互动的长效机制，推动生态环境持续改善。具体做法是：通过实施易地搬迁项目破解农户因生存环境恶劣造成的困境，有效从生存环境方面降低农户贫困脆弱性，保护生态系统的平衡，促进人与生态的相互融合；强调生态环境是核心竞争力，把旅游产业作为建设革命老区高质量发展示范区的重要抓手，将红色资源与"绿色""古色"等资源结合起来；充分依托生态资源优势和气候条件，大力推进绿色产业扶贫如寻乌县龙脑樟生态产业，破解林业生态扶贫窘境，让贫困户在林业生态扶贫中享受生态红利；统筹推进生态治理与开发，构筑起绿色经济的发展屏障。

第一章 | 起风气之先，发端"不忘初心"

　　赣州市俗称赣南，位于江西省南部地区，地处南岭、武夷山、罗霄山三大山脉交接处，地形险峻，山地、丘陵居多。由于历史因素（革命老区）、自然因素等，赣州市一直都是江西省贫困问题最突出、贫困人口最多的经济发展落后地区，也是全国较大的集中连片特困地区之一（罗霄山集中连片特困区）。全市共有11个贫困县（图1-1）、932个贫困村、167个深度贫困村、115.03万建档立卡贫困人口，是江西省脱贫攻坚主战场。2010年，赣州市贫困人口215.46万人，贫困农户47.35万户，贫困发生率为29.9%，高出全国16.5个百分点[1]。贫困问题之复杂、贫困程度之深、贫困面之广，致使赣南地区脱贫攻坚的过程非常艰辛。面对困境，赣州市人民穷则思变，始终以党的领导为核心，坚持"不忘初心、牢记使命"，传承红色基因，深入学习贯彻习近平总书记关于扶贫工作的重要论述。赣州市起风气之先，早在精准扶贫工作开始之前，就已逐渐开展扶贫振兴工作。不同扶贫历史阶段为后续精准扶贫工作的顺利开展奠定基础，并取得巨大成效。截至 2019 年年底，赣州市 932 个贫困村和 167 个深度贫困村全部脱贫，11 个贫困县全部实现脱贫摘帽。

图 1-1　赣州市贫困县分布图

一、资源禀赋：开展扶贫的赣州概况

赣州市位于我国中部地区、江西省南部，是江西的南大门。这里自然资源丰富，地上有看不尽的自然风光，地下有数不尽的矿产资源。它是贯穿我国"海上丝绸之路"的要塞，同时其陆路交通亦非常发达。随着精准扶贫工作的开展，赣州市委市政府抓住以习近平同志为核心的党中央支持赣南发展的核心要义，科学规划布局谋发展，进而使得地区经济迎来飞速发展的春天。

(一)资源区位状况

区位交通：赣州市位于江西省南部地区，是赣粤闽湘四省通衢，也是江西南大门、珠三角直接腹地、海西经济区重要组成部分。赣州市地形呈中间低四周高，且境内多为山地，因此在 2010 年之前，其境内各乡村山路居多，且都为泥泞小路，交通极为不便。但赣州市对外交通较为便捷，海陆运输发达，是古今中国"海上丝绸之路"的必经点，也是重要的全国性重要的综合交通枢纽城市。2019 年，已建成和在建的公路里程共计 1555 公里，铁路里程共计 555 公里。**自然资源**：赣州市矿物资源丰富，其中黑钨储量位居世界第一，离子型稀土资源储量占全国同类稀土资源保有储量 60％以上，被称为"世界钨都"和"稀土王国"。此外，由于特有的气候和土壤，适宜脐橙生长，种植总面积位居世界第一，为 163 万亩。

(二)社会经济状况

社会经济：赣州市是江西省的人口大市，共有 974 万人，占江西省人口的 1/5，下辖 292 个乡镇和 3468 个行政村，共有 11 个贫困县、932 个贫困村、167 个深度贫困村、115.03 万建档立卡贫困人口，是江西省脱贫攻坚主战场。早在 2010 年之前，赣州市经济就呈现逐年上升的态势，但是总体而言仍未改变落后面貌。当时赣州市经济总体水平落后于西部地区，人均地方财政收入是西部地区的 44％，城乡居民人均可支配收入分别是西部地区平均水平的 91.5％、89.7％；主要经济指标明显落后于其他革命老区，其城乡居民人均可支配收入分别比延安市少5130 元、1881 元。自 2010 年以来，赣州市经济飞速发展，到 2018年，地区生产总值、财政总收入、一般公共预算收入、规模以上工业增加值、固定资产投资、出口总额、实际利用外资 7 个主要经济指标年均分别增长 10％、14.3％、13.4％、11％、20.3％、8.1％、11.2％。赣州市自 2016 年实施精准扶贫以来，生产总值首破两千亿元大关，第一、第二、第三产业增加值保持平稳上升（图 1-2）。2019年，地区生产总值、固定资产投资、财政总收入、一般公共预算收入、农村居民人均可支配收入 5 个指标增速居全省第一位，实际利用外资、进出口总额、出口总额、城镇居民人均可支配收入 4 个指标增速均居全省前三位。

(三)历史人文状况

两宋文化的摇篮：赣州历史悠久，繁荣于两宋时期，拥有丰富的历史文物和较为完整的历史遗址，被称为"宋城博物馆"，同时也是宋明理学的发祥地，周敦颐、程颢、程颐、王阳明等理学大家在此驻留并留下诸多著作。**客家文化的摇篮**：赣州是客家人的最大聚居地，客家习俗、客家方言、客家美食等在此地得到良好的传承。**人民共和国的摇篮**：赣州是全国著名的"红色故都"，是毛泽东思想的重要发祥地、土地革命战

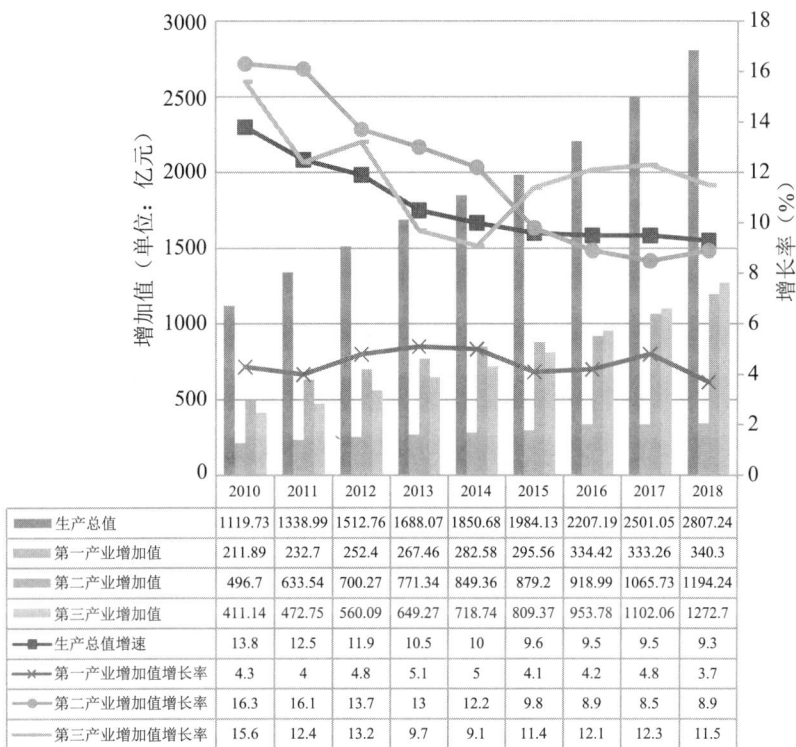

	2010	2011	2012	2013	2014	2015	2016	2017	2018
生产总值	1119.73	1338.99	1512.76	1688.07	1850.68	1984.13	2207.19	2501.05	2807.24
第一产业增加值	211.89	232.7	252.4	267.46	282.58	295.56	334.42	333.26	340.3
第二产业增加值	496.7	633.54	700.27	771.34	849.36	879.2	918.99	1065.73	1194.24
第三产业增加值	411.14	472.75	560.09	649.27	718.74	809.37	953.78	1102.06	1272.7
生产总值增速	13.8	12.5	11.9	10.5	10	9.6	9.5	9.5	9.3
第一产业增加值增长率	4.3	4	4.8	5.1	5	4.1	4.2	4.8	3.7
第二产业增加值增长率	16.3	16.1	13.7	13	12.2	9.8	8.9	8.5	8.9
第三产业增加值增长率	15.6	12.4	13.2	9.7	9.1	11.4	12.1	12.3	11.5

数据来源：赣州市统计局

图 1-2　2010—2018 年赣州市生产总值、产业增加值及其增速、增长率情况

争时期中央苏区的主体和核心区域。中华苏维埃共和国在此奠基，瑞金、于都等地是红军长征的重要出发地，同时也是南方三年游击战争的重要根据地，毛泽东、周恩来、刘少奇、朱德、邓小平、陈云等老一辈无产阶级革命家在这里留下闪光足迹。赣南苏区人民为中国革命作出了重大贡献和巨大牺牲，仅有名有姓的烈士就达 10.82 万人，分别占全省、全国烈士总数的 43.8%、7.5%。长征路上平均每公里有 3 名赣州籍烈士倒下，仅兴国一县牺牲在长征路上的就有 1.37 万人，平均每公里长征就有 1 名兴国籍烈士倒下[2]。

二、扶贫历程：赣州市治理贫困的历史回顾

连片特困区是我国政府发展生产、消除贫困工作的重点目标区域，历来受到地方政府的高度重视，位于罗霄山集中连片特困区的赣州市也不例外。赣州市自改革开放以来，就非常重视贫困治理问题。赣州市全体工作人员在这场脱贫攻坚战中贡献智慧、奉献力量，始终以最广大人民的根本利益为主抓手，拼时间、干实事。2012年之前，赣州市针对干部工作培训、学生教育问题先后开展一系列扶贫工作。2012年至2015年，习近平总书记多次到赣南地区考察，并作出重要批示。赣州市委市政府依据习近平总书记的批示，重点建设农村基础设施，为后续精准脱贫工作奠定基础。2016年至2019年，赣州市多措并举，全方位打造脱贫攻坚新格局，并取得显著成效。

(一)1978年—2011年：扶贫的准备阶段

贫困问题一直是困扰赣州经济社会发展的重要问题。2011年，赣州市生产总值是1978年的115倍，为1338.99亿元，城乡居民人均可支配收入分别是1978年的45倍和42倍。但就整体而言，赣州市贫困落后面貌仍未改变，群众生活水平低、增收缓慢，仍然是全国较大的集中连片特困地区之一。因此，赣州市委市政府采取多种办法以缓解贫困状况。改革开放以来，赣南老区发生了翻天覆地的变化，但由于种种原因，经济社会发展明显滞后，贫困落后面貌尚未根本改变。赣州市委市政府为解决以往扶贫开发工作中贫困人口底数不清、情况不明、覆盖不全、针对性不强等问题，从2010年12月起，持续开展下基层"送政策、送温暖、送服务"(简称"三送")工作，共4646支"三送"工作队成为驻村扶贫工作队，9.3万名

"三送"干部任扶贫工作队员，开展全覆盖、常态化扶贫。赣州市委市政府在通过"三送"工作解决群众最急迫、最现实的困难的同时，对赣州市市情作了系统深入的调研，在此基础上形成了《赣南苏区经济社会发展情况调查报告》，实事求是地向中央和江西省委反映赣南苏区的贫困状况和特殊困难。2011 年 12 月 31 日，时任中共中央政治局常委、中央书记处书记、国家副主席、中央军委副主席习近平对《赣南苏区经济社会发展情况调查报告》作出重要批示，强调：赣南苏区是中央革命根据地的主体，为中国革命作出了重大贡献和巨大牺牲。由于种种原因，赣南苏区目前经济发展依然滞后，人民生活仍然比较困难。对于如何进一步帮助和支持赣南苏区发展，使这里的人民与全国人民同步进入小康，过上富裕、幸福的生活，应当高度重视和深入研究。① 2011 年起，赣州市委市政府实施了义务教育阶段学生"两免一补"，对幼儿园、高中、中职及考入大学等各类家庭经济困难学生给予补助，确保贫困学子上得起学。赣州市委市政府先后出台《赣州市农村扶贫开发纲要（2011—2020 年）》《关于建设全国革命老区扶贫攻坚示范区的意见》《关于创新机制扎实推进农村扶贫开发工作的实施方案》《关于扎实推进精准扶贫工作的实施意见》等一系列政策文件，明确精准扶贫目标任务、工作思路、具体举措[1]。赣州市委市政府在精准扶贫之前，通过下达多种政策缓解地区贫困问题，为即将到来的精准扶贫时代奠定基础。

（二）2012 年—2015 年：扶贫的奠基阶段

前期的准备工作为后期的发展夯实基础。2012 年至 2015 年，赣州

---

① 《改革开放与中国城市发展》中卷，684 页，北京，人民出版社，2018。

市委市政府逐步开始农村精准扶贫的准备工作。2011 年年底，习近平同志就赣南苏区振兴作出重要批示；2012 年 6 月 28 日，《国务院关于支持赣南等原中央苏区振兴发展的若干意见》出台实施，将赣南苏区振兴发展上升为国家战略，明确了赣州作为全国革命老区扶贫攻坚示范区的战略定位，为从根本上全方位改变赣南苏区的落后面貌、与全国同步全面建成小康社会奠定了决定性基础[1]。赣州市委市政府依据国家层面的指示，将扶贫重点放在农村基础设施建设和农村土坯房改造等薄弱环节上。基于这几年的实施保障，为赣州市后期产业、医疗教育等发展奠定坚实基础[3]。除此之外，赣州市也在其他方面采取措施，以推动精准扶贫工作进程。2012 年起，江西省委安排 15 位省领导、35 个省直单位及省属企业对赣州开展"四个一"组合式扶贫，安排 54 个省直单位定点扶贫，连续 10 年给赣州 18 个县（市、区）每年各安排 1000 万元产业扶贫资金。至 2014 年年底，赣州市已全面完成全市贫困人口的识别和复核工作。在此基础上，政府根据不同贫困类型建立扶贫台账，逐一确立扶贫政策。截至 2014 年年底，赣州市贫困人口下降到 105.06 万，农民人均增收提高至 6946 元。2015 年 3 月 6日，习近平总书记在参加十二届全国人大三次会议江西代表团审议时指出："2011 年，我对振兴苏区发展作过一次批示。这些年，你们把加快赣南等原中央苏区振兴发展作为一项重要政治任务和重大战略机遇努力作为，带动了全省民生改善，成绩令人鼓舞，但脱贫任务依然艰巨。""我们决不能让老区群众在全面建成小康社会进程中掉队，下定决心打赢脱贫攻坚战，心中常思百姓疾苦，脑中常谋富民之策，让老区人民同全国人民一起共享全面建成小康社会成果，这是我们党的历史责任。""中央有关部委要一如既往关心和支持赣南等原中央苏区振兴发展，开展对口帮扶，支持和帮助贫困老区和贫困群众尽快脱贫致富奔小康。"[1]

(三)2016 年—2019 年：扶贫的规模开展阶段

自进入"十三五"时期，面对艰巨的脱贫任务，赣州市广大干部群众以不达目的誓不罢休的姿态攻克脱贫攻坚这个险隘。在脱贫攻坚的征途中，赣州市强化政府的主导作用，坚持群众主体地位，保障扶贫对象平等参与及发展的权利，充分调动广大干部群众的积极性、主动性、创造性，通过一系列"绣花"功夫改善贫困地区的面貌。在工作推进中突出问题导向，实施脱贫攻坚十大项目，以"无孔不入"的形式将潜伏在扶贫前进路上的隐患消灭。用好贫困地区生态资源、农业资源等，培育各类特色产业和各类新型经营主体，帮助贫困对象融入现代农业体系中，加快贫困村、贫困户在新兴产业、产业融合中受益增收的速度，分享产业发展红利，提高自我长远发展能力。不断建立健全县乡村三级服务网络，夯实电商扶贫硬件基础，完善农村快递物流网络体系建设，打通农村产品网络购销运输配送渠道，解决农产品销售难的问题。通过扶持就业创业、多渠道促进贫困人口转移就业，形成就业扶贫长效机制，真正实现"就业一人，脱贫一户"的目标。以"治贫先治愚，扶贫先扶志"的思路开展教育扶贫工作，让贫困家庭子女都能接受公平、有质量的教育，从源头上阻断贫困代际传递。通过资源整合提高各县(市、区)医疗卫生服务能力，推出"四道保障线"，筑起因病致贫、返贫的截流闸[4]。为增强贫困地区发展能力、破除发展瓶颈制约，着力解决贫困地区通路、通电、通水、通网络等问题，已形成"三纵三横六连"的高速公路网，改善区域发展环境，为解决区域性整体贫困提供有力支撑。

习近平总书记始终心怀人民、心系基层，对革命老区、苏区的关心从未间断，先后 9 次对赣南苏区发展作出指示批示，其中 4 次与脱贫攻坚有关，推动赣南苏区比一般其他区域更好更快发展。2019 年 5 月 20 日，习近平总书记到赣州来视察指导工作，对《若干意见》实施的七年成绩给予了充分肯定，总结赣州的脱贫攻坚取得了决定性胜利，对赣州的脱贫攻坚有一个高度的肯定。

三、贫困分布与致贫原因：追溯赣州市致贫根源

贫困在空间上具有不均衡性，赣州市地貌复杂多样，由于受自然条件的制约，贫困人口分布范围广、收入低，基础设施落后、社会民生服务不健全是此前赣州市贫困村庄的普遍写照。赣州市的致贫原因复杂多样，主要分为历史因素、自然因素、贫困户个人因素和政府支持力度因素。

（一）赣州市贫困分布状况

由于长期的战争创伤和闭塞的生产生活环境，导致赣州市经济发展滞后、贫困人口居多、贫困面积广。截至 2010 年年底，赣州市贫困人口为 215.46 万人，贫困户为 47.35 万户。其中，其他贫困户占接近三分之二，共 178.81 万人；五保户占 9.33%，共 5.3 万人。低保户 12.7

万户，共 31.35 万人，分别占贫困户和贫困人口的 26.82% 和 14.55%（图 1-3）[5]。

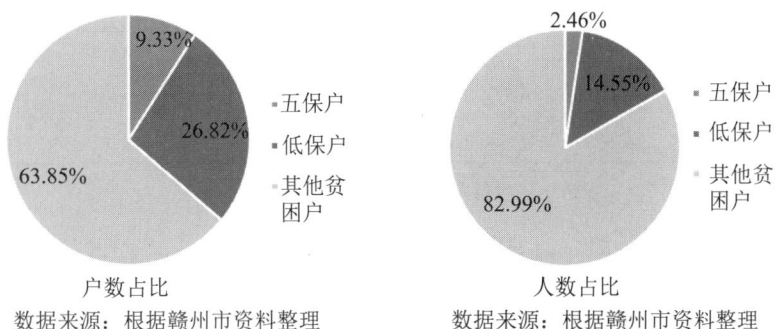

户数占比
数据来源：根据赣州市资料整理

人数占比
数据来源：根据赣州市资料整理

图 1-3　2010 年赣州市各类贫困户数及人口数情况

　　找准贫困问题发生的根本原因，才能对症下药，实施精准化的帮扶措施。赣州此前的贫困原因可归结为两个方面：一是农民生活缺乏保障，且社会保障服务体系落后。2010 年赣州市农村居民收入为 4182 元，与全国农村居民人均水平相差 1737 元。当时农村医疗卫生、教育等方面水平非常低，难以保障农户日常看病、儿童上学等需求。农户生活拮据，贫困程度深是当时赣州市农村的普遍现象，"两不愁、三保障"无法得到满足（表 1-1）。二是农村基础设施水平落后。赣州市山区居多，农村道路、水电等基础设施水平落后，农户日常出行不便，农田灌溉所需水利设施不足。

表 1-1　2010 年赣州市贫困地区状况

居难"安"	赣州市 171.26 万多户农户中，有 69.52 万多户居住的是年代已久的土坯房，占总户数的 40.59%。
食难"饱"	大部分贫困群众日常食物为自己种的萝卜、青菜，腌制的梅干菜和酸萝卜，营养摄入不全面。部分农户常年没有足够的米，难以保障基本生存需求。

续表

衣难"添"	没有基本的换洗衣服，家中小孩基本是轮换穿衣，老人多年不买新衣。
就医难	农村医疗卫生设备短缺、老化现象严重，医疗卫生事业落后，缺医少药、看病难问题十分突出。
上学难	农村中小学校舍严重短缺、多为危房，师资力量短缺，教学条件差。

资料来源：根据赣州市资料整理

"十二五"期间，赣州市省级扶持贫困村 1119 个，占全市行政村总数的 32%；2012 年，贫困人口有 172.6 万人，贫困发生率 23.74%，高出全国 13.45 个百分点。自《若干意见》实施以来，赣州市将重点解决贫困地区民生问题放在首位，加快实施农村土坯房与危房改造、安全饮水、电网升级、道路修建等关乎民生的措施。"十二五"期间，赣州市改造农村土坯房 63.08 万户，解决 278.4 万农村人口安全饮水问题，完成农村低电压治理 35 万户，解决 7.1 万户农户不通电、18.65 万户农户看电视难问题，新建改造农村公路 5900 公里。

图片 1-1　安远县天心至版石公路改造前后对比图

　　2016 年以来，赣州市贯彻落实习近平总书记关于扶贫工作的重要论述，在不断完善基础民生的基础之上，将精准扶贫作为未来发展的主要工作重点和重大政治任务，同时将"两不愁、三保障"作为脱贫攻坚的核心要旨，如创新产业"五个一"机制、健康扶贫"四道保障线"、教育扶贫工作办法、织密民生兜底网等，使得贫困户生产生活水平得到大幅度提升。截至 2018 年年底，赣州市贫困人口下降至 18.86 万人（图 1-4），贫困发生率下降至 2.45％。

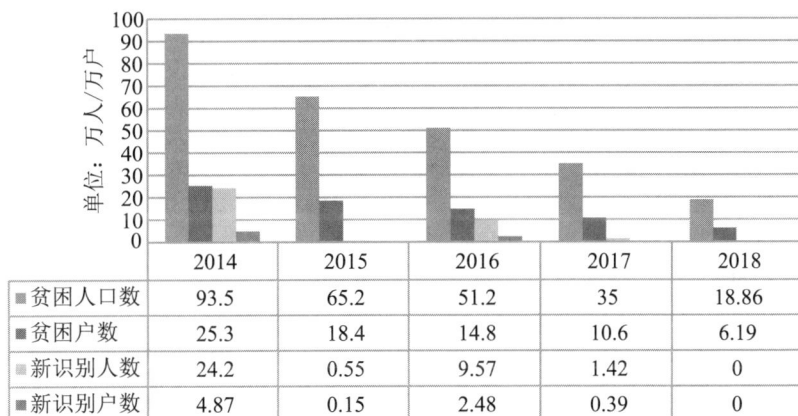

单位：万人/万户	2014	2015	2016	2017	2018
■ 贫困人口数	93.5	65.2	51.2	35	18.86
■ 贫困户数	25.3	18.4	14.8	10.6	6.19
■ 新识别人数	24.2	0.55	9.57	1.42	0
■ 新识别户数	4.87	0.15	2.48	0.39	0

数据来源：赣州市扶贫办

图 1-4　2014—2018 年赣州市贫困人口数及户数变化状况

（二）致贫原因分析

　　赣州市的具体致贫原因复杂多样，从 2014 年建档立卡贫困户主要致贫原因分布的数据来看，分为 8 种类型（图 1-5）。其中因病致贫的最多，为 8.74 万户，占 34.57％。其他主要致贫原因为因缺资金致贫、因残致贫、因缺技术致贫、因缺劳动力致贫，共计 14.18 万户。因此，提高农村医疗水平、加大扶贫资金投入量、提高技术培训的普及度等是赣州市脱贫攻坚的主要措施。

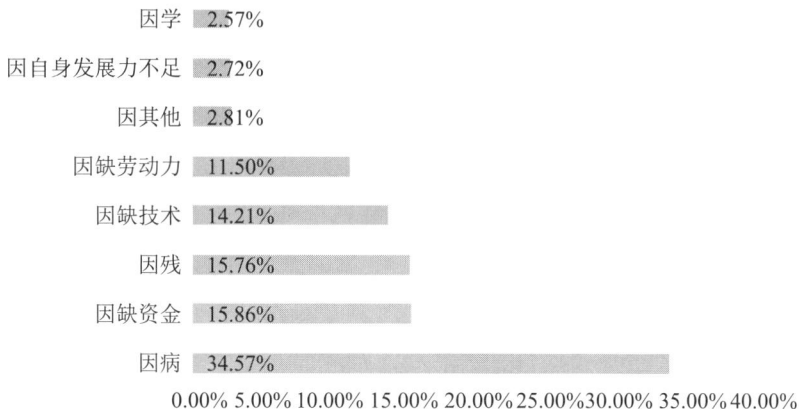

因学 2.57%
因自身发展力不足 2.72%
因其他 2.81%
因缺劳动力 11.50%
因缺技术 14.21%
因残 15.76%
因缺资金 15.86%
因病 34.57%

0.00% 5.00% 10.00% 15.00% 20.00% 25.00% 30.00% 35.00% 40.00%

图 1-5　赣州市 2014 年建档立卡贫困户主要致贫原因分布

从贫困类型和贫困构成情况来看，赣州市的致贫原因复杂多样，主要分为四个方面的因素。**一是历史因素**。赣南地区是中华人民共和国的摇篮，第二次国内革命战争使赣南地区几乎奉献了所有的人力、物力，大量青壮年因为参军参战而牺牲或丧失劳动力，致使赣南地区人口骤减，且由于战争影响使得相当一部分人无法生育，进而造成"牺牲一代人，影响几代人"。战争留下的创伤长期制约着赣南地区的经济发展。**二是自然因素**。赣南地区地形复杂，以山脉和丘陵为主，地势中间低、四周高。地形闭塞使其成为自然灾害频发区，长期的洪涝灾害、泥石流、低温冻害等时常影响农户生产活动，因灾返贫的状况时有发生，阻碍地区经济发展。**三是贫困户个人因素**。受封闭环境的影响，大部分贫困群众受教育程度低、观念落后、接受技术能力的水平低。代际贫困的影响大，贫困群众内生动力不足。同时生产资料不足，使得贫困群体仍然以传统小农户作坊式生产为主，生产水平低下、生产效率差、贫困群体增收渠道单一。**四是政府支持力度因素**。交通、水利、电力等基础设施的完善度决定一个地区经济发展的好坏，而赣南贫困地区基础设施普遍落后。赣南地区在 2010 年以前有 1.8 万个村民小组、2.3 万个自然村不通公路，541 个行政村不通客运班车，占总数的 15.6%；农田水利设施不完善，有 31.78% 的农田得不到有效灌溉，农户饮水问题得不到解决[5]。

第二章 ｜ 思想做引领，探索"脱贫攻坚"

　　加快老区发展步伐，做好老区扶贫开发工作，让老区农村贫困人口尽快脱贫致富，确保老区人民同全国人民一道进入全面小康社会，是我们党和政府义不容辞的责任。对这个问题，我一直挂在心上，而且一直不放心，所以经常讲这个问题，目的就是推动各方面加紧工作。

　　——习近平：《在陕甘宁革命老区脱贫致富座谈会上的讲话》，2015 年 2 月 13 日

　　中国特色社会主义进入新时代，迫切需要新的理论指导我们进行伟大斗争、建设伟大工程、推进伟大事业、实现伟大梦想，而打赢脱贫攻坚战就是实现伟大梦想的第一步。打赢脱贫攻坚战是中国共

产党的执政宗旨、政治优势和制度优势的充分彰显。到 2020 年现行标准下的贫困人口全部脱贫，如期打赢脱贫攻坚战，这在中华民族几千年历史发展上将是首次整体消除绝对贫困现象，对中华民族、对整个人类都具有重大意义。以习近平同志为核心的党中央深刻把握国情，在实践中不断完善扶贫理论，从实践中汲取经验，逐渐形成新时代扶贫思想理论。也正是在新时代扶贫思想理论的正确指引下，全国各地如火如荼地开展扶贫工作，并经过多年努力取得硕果。举国扶贫战略是中国新时代征程的必经之途，体现出国家执政党"不忘初心、牢记使命"的历史责任担当。在新时代扶贫思想理论指导之下，赣州市以脱贫攻坚紧扣社会发展的总体经济脉搏，从上至下承接中央、江西省、赣州市的发展规划逻辑，探索脱贫攻坚，为区域经济的全面奋进提供秩序起点。

一、新时代扶贫思想理论体系梳理

扶贫问题是习近平总书记关注的重要民生问题。自 2013 年在湖南湘西首次提出"精准扶贫"以来，习近平总书记始终坚持从人民的角度出发，对精准扶贫的战略理念、战略目标、战略举措和战略格局展开了诸多探讨和实践，在此过程中逐渐形成体系完整、逻辑严密的精准扶贫的理论。习近平总书记关于精准扶贫的理论是对我国过去和当下扶贫工作的重要精华提炼和科学论证，是马克思主义扶贫理论在当代中国的新发展，是习近平新时代中国特色社会主义思想的重要组成部分。

(一)"共同富裕"是目标

习近平总书记强调"消除贫困、改善民生、实现共同富裕,是社会主义的本质要求"①,只有消除贫困才能在真正意义上实现共同富裕。随着经济的发展,我国已经进入一个新的阶段,社会主要矛盾已经转化为人民日益增长的美好生活需要和不平衡不充分的发展之间的矛盾,意味着我国偏远贫困地区经济发展远落后于沿海发达地区。要补齐这一短板,就要实现区域协调发展,进而实现共同富裕。实现共同富裕并非朝夕之功,首要任务是消除贫困。2012年,习近平总书记到革命老区河北阜平考察时提出"两个重中之重"(三农工作是重中之重,革命老区、民族地区、边疆地区、贫困地区在三农工作中要把扶贫开发作为重中之重)、"三个格外"(对困难群众要格外关注、格外关爱、格外关心)等思想。2013年,习近平总书记在湖南湘西十八洞村首次提出精准扶贫。2014年,习近平总书记进一步提出精细化管理、精确化配置、精准化扶持等重要思想。2015年11月,习近平总书记在中央扶贫开发工作会议上发表重要讲话,系统阐述"六个精准""五个一批""四个问题"等重要思想。2016年,习近平总书记在宁夏银川主持召开东西部扶贫协作座谈会,推动东西部协调发展和对口援助,发布了脱贫攻坚战的总攻令。在党的十八届五中全会上,以解决发展不平衡的问题作为重点,构建层层落实的工作责任体制(中央统筹、省负总责、市县落实),坚持专项扶

---

① 《做焦裕禄式的县委书记》,15页,北京,中央文献出版社,2015。

贫、行业扶贫、社会扶贫大格局。在层层责任压实和打通脱贫攻坚各环节中，让全体人民实现共建共享的幸福感。

(二)"精准扶贫"是核心

习近平总书记指出：扶贫开发推进到今天这样的程度，贵在精准，重在精准，成败之举在于精准。[①] 扶贫不能搞大水漫灌，而是要精准滴灌。各地区要做到实事求是，因地制宜打好脱贫攻坚战。精准扶贫中，对象精准是前提，项目、资金、派人精准是措施和手段，成效精准是结果。只有实现各个环节都精准，环环相扣，才能实现最终脱贫。2015年1月，习近平总书记在云南考察工作时指出：项目安排和资金使用都要提高精准度，扶到点上、根上，让贫困群众真正得到实惠。2015年10月，习近平总书记在2015减贫与发展高层论坛上指出要"找到'贫根'，对症下药，靶向治疗"。[②] 2015年11月，习近平总书记在中央扶贫开发工作会议中明确了扶贫的要义、原则、目标和路径，并提出"五个一批"工程，即发展生产脱贫一批、易地搬迁脱贫一批、生态补偿脱贫一批、发展教育脱贫一批、社会保障兜底一批。2016年2月，习近平总书记在井冈山考察时指出"扶贫、脱贫的措施和工作一定要精准，要因户施策、因人施策，扶到点上、扶到根上，不能大而化之"。[③] 精准扶贫的指导演进，表明了我国精准扶贫工作的动态性

---

① 《切实把精准扶贫精准脱贫落到实处》，载《人民日报》，2016-10-20。

② 《携手消除贫困　促进共同发展——在2015减贫与发展高层论坛的主旨演讲》，6页，北京，人民出版社，2015。

③ 张瑞敏：《中国共产党反贫困实践研究(1978—2018)》，304页，北京，人民出版社，2019。

和实事求是的性质，同时也是习近平总书记扶贫论述的不断丰富和发展。

(三)"弱鸟先飞"是落脚点

"扶贫既要富口袋，也要富脑袋。"习近平总书记多次强调"脱贫致富贵在立志，只要有志气、有信心，就没有迈不过去的坎"。① 这也是我国精准扶贫的最终落脚点。外源帮扶是我国扶贫中的主要手段，只有将贫困地区"扶起来"，才能逐渐放手，让贫困地区自立。但是一切帮扶都属于外因，而在事物发展过程中，内因起着决定性作用，贫困地区、贫困户只有具备自我发展的意识，才能从真正意义上摆脱贫困。习近平总书记在福建宁德工作时就提出"弱鸟可以先飞"，并形成了理论著作《摆脱贫困》。因此扶贫要同扶志、扶智相结合，激发内生动力，激发贫困群体自身优势，培养贫困群体自信心、自尊心，才能从真正意义上实现脱贫并长久发展。

二、扶贫理论助力赣州市脱贫攻坚

新时代扶贫理论对我国贫困地区的扶贫发展提供了有力的理论指导，各地区因地制宜创新扶贫模式，改变落后面貌。赣南苏区在中国历史上的特殊地位，使得习近平总书记非常牵挂其贫困状况。赣南苏区人民不忘初心，在新时代扶贫理论的指导之下，将外力帮扶逐渐内化，自力更生，进而改变贫困落后面貌，让总书记放心，让国家放心。

———————————

① 《抓党建促脱贫》，6 页，北京，人民出版社，2017。

2011 年 12 月 31 日，时任中共中央政治局常委、中央书记处书记、国家副主席、中央军委副主席习近平对《赣南苏区经济社会发展情况调查报告》作出重要批示，强调：赣南苏区是中央革命根据地的主体，为中国革命作出了重大贡献和巨大牺牲。由于种种原因，赣南苏区目前经济发展依然滞后，人民生活仍然比较困难。对于如何进一步帮助和支持赣南苏区发展，使这里的人民与全国人民同步进入小康，过上富裕、幸福的生活，应当高度重视和深入研究。在中央深切关怀、国家部委鼎力支持下，2012年 6 月 28 日，《国务院关于支持赣南等原中央苏区振兴发展的若干意见》出台实施，将赣南苏区振兴发展上升为国家战略，明确了赣州作为全国革命老区扶贫攻坚示范区的战略定位，为从根本上全方位改变赣南苏区的落后面貌、与全国同步全面建成小康社会奠定了决定性基础[1]。

2015 年 3 月 6 日，习近平总书记在参加十二届全国人大三次会议江西代表团审议时指出：“2011 年，我对振兴苏区发展作过一次批示。这些年，你们把加快赣南等原中央苏区振兴发展作为一项重要政治任务和重大战略机遇努力作为，带动了全省民生改善，成绩令人鼓舞，但脱贫任务依然艰巨。”“我们决不能让老区群众在全面建成小康社会进程中掉队，下定决心打赢脱贫攻坚战，心中常思百姓疾苦，脑中常谋富民之策，让老区人民同全国人民一起共享全面建成小康社会成果，这是我们党的历史责任。”“中央有关部委要一如既往关心和支持赣南等原中央苏区振兴发展，开展对口帮扶，支持和帮助贫困老区和贫困群众尽快脱贫致富奔小康。”[1]

习近平总书记对革命老区、苏区的关心从未间断，先后 9 次对赣南苏区发展作出指示批示，其中 4 次与脱贫攻坚有关，推动赣南苏区比一般其他区域更好更快发展。2019 年 5 月 20 日，习近平总书记到赣州来视察指导工作，对《若干意见》实施的七年成绩给予了充分肯定。习近平总书记将赣南发展的成绩总结为：《若干意见》实施的七年取得了重大进展，振兴发展取得了重大进展，经济保持了快速的增长，年均增长超过10%，特色产业快速发展，我们的产业发展得比较好，创新能力大大增强，城乡面貌大变化，民生问题得到了较好的解决。所以赣南苏区的振兴发展是全国革命老区发展的一个缩影，也是江西发展的一个缩影，我看了以后感到十分欣慰。① 习近平总书记对赣州的脱贫攻坚工作给予了充分肯定，总结赣州的脱贫攻坚取得了决定性胜利，对赣州的脱贫攻坚有一个高度的肯定。

三、扶贫理论指导下赣州市取得的脱贫成效

赣州市在新时代扶贫理论指导下，将外部帮扶转化为内在发展，改"输血"为"造血"，通过实施脱贫攻坚十大项目，不断加强内生发展，促使经济较快发展、贫困发生率降低、贫困人口不断减少等。以产业和就业为主线，不断拓宽农民增收渠道，增加农民收入；大力发展民生事业，补齐民生短板，提升群众幸福感。

(一)赣州市脱贫攻坚的直接减贫效果

1. 贫困人口与贫困发生率双降低

2018 年赣州市 801 个"十三五"贫困村脱贫退出，瑞金市等 7 个贫困

---

① 参见客家新闻网-赣南日报：《赣南苏区振兴发展取得阶段性重大成效》，2019-06-28。

县(市、区)均以零漏评、零错退、群众满意度99％以上的成绩高质量实现脱贫摘帽。2010年到2019年，赣州市累计减贫212.64万人，贫困人口由215.46万人减少到2.82万人，贫困发生率由29.9％下降至0.37％(图2-1)。赣州市精准扶贫攻坚战领导小组办公室2016年10月被人社部、国务院扶贫办评为"全国扶贫系统先进集体"，2019年7月又被中组部、中宣部评为"人民满意的公务员集体"。

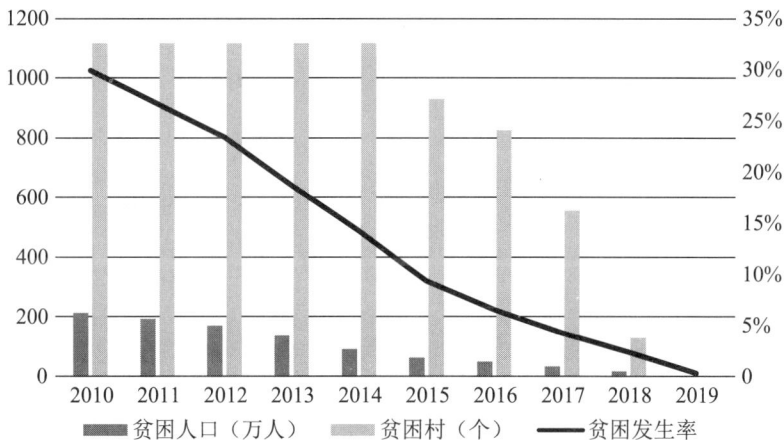

数据来源：赣州市精准扶贫攻坚战领导小组办公室

图 2-1　2010—2019 年赣州市减贫变化情况

2. 产业与就业双带动农民增收

通过扶持产业与就业，引导和支持所有具有劳动能力的农户依靠自己的双手勤劳致富，是根治贫困、确保高质量打赢脱贫攻坚战的重要途径。"产业兴，百姓富"，赣州市始终把发展农村一二三产业作为扶贫攻坚的主攻方向，落实"五个一"产业扶贫机制，坚持"长短结合、适度规模、效益优先"原则，扎实推进产业扶贫全覆盖。在产业发展过程中，通过"五个一"机制的引领，建立长效与短平快相结合、多元主体参与的产业体系。截至 2019 年 9 月，赣州市通过直接发展农业产业和新型农业经营主体联结方式，累计覆盖带动 26.95 万户贫困户增收，占建档立卡贫困人口的 91.48%。各县（市、区）立足自身资源禀赋和产业基础，制定农业产业规划，出台农业产业扶贫奖补政策，共引导 18.42 万户贫困户自主发展农业产业。积极探索资源资金入股、返租倒包、托管托养等多种利益联结模式，围绕蔬菜、脐橙、油茶等农业主导产业及区域特色产业发展，创建农业产业扶贫示范基地，培育、引导农业企业、大户、合作社等新型经营主体，联结带动 8.53 万户贫困户参与产业发展、增加收入。赣州市蔬菜产业快速发展，已初具规模累计建成规模蔬菜基地 707 个、25.9 万亩，其中设施大棚面积 15.2 万亩，带动 4.18 万户贫困户增收，扶贫蔬菜搭乘中欧班列销到了俄罗斯；发展脐橙、油茶等长效产业，推进脐橙产业转型升级，建成标准化果园 91.6 万亩，油茶林面积达 280 万亩，分别带动 10.5 万户、5.7 万户贫困户增收[6]。

习近平总书记曾说："一人就业，全家脱贫，增加就业是最有效最直接的脱贫方式。长期坚持还可以有效解决贫困代际传递问题。"①赣州市在精准识别、建档立卡等工作基础上，进一步丰富完善就业扶贫政策体系，积极打好就业扶贫"组合拳"，多渠道帮扶贫困劳动力实现就业愿望。2017 年至 2019 年累计帮扶 20 余万名贫困劳动力就业增收，共投入就业扶贫资金 9.17 亿元，其中就业补助资金 3.39 亿元、地方财政资金 5.78 亿元，分别占总资金的 36.97% 和 63.03%。建设扶贫车间 1433

---

① 《习近平关于社会主义经济建设论述摘编》，232 页，北京，中央文献出版社，2017。

个，1.3万名贫困群众在家门口就业创业。开发就业扶贫专岗，安置3.43万名贫困劳动力就业，有4家企业被评为"全国就业扶贫基地"。2017年全国、全省就业扶贫经验交流现场会在赣州召开。

赣州市通过实施长效与短平快相结合、政府与市场相结合的产业形式，发展带动农户、扶贫车间就业；落实易地搬迁后续帮扶等多元化措施，促进农民增收、拓宽农民增收渠道。农村居民可支配收入由2010年的4182元增加到2019年的11946元(图2-2)。

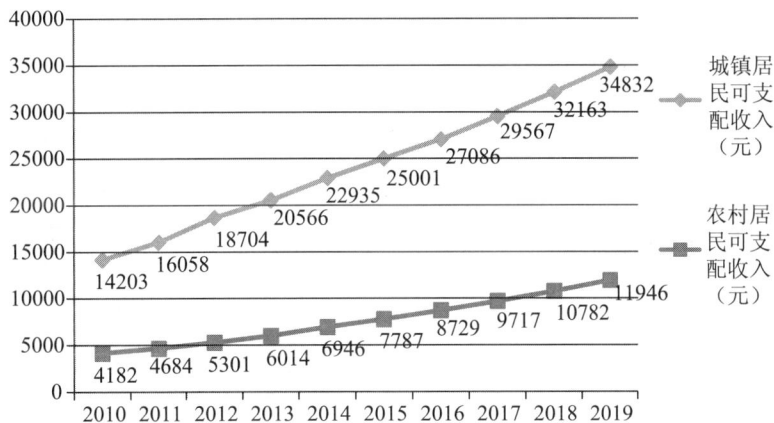

数据来源：国家统计局赣州调查队

图 2-2　2010—2019 年赣州市城乡居民可支配收入变化情况

3. 民生工程提升贫困群众幸福感

"两不愁、三保障"是贫困人口脱贫的基本要求和核心指标，赣州市始终坚持脱贫攻坚目标和现行扶贫标准不偏移，聚焦"两不愁、三保障"突出问题集中攻坚，全面补齐民生短板弱项。

一是住房——解决住房安全隐患。《若干意见》出台实施以来，赣州市首先改造农村危旧土坯房，到2014年年底完成改造69.52万户，近300万农民告别了透风漏雨的危旧土坯房，受益贫困户8.69万户、30

多万人，为脱贫攻坚打下了坚实的基础。赣南地处山区，为打破贫困陷阱，赣州市推进易地扶贫搬迁，"十三五"共实施搬迁132160人（建档立卡74242人，同步搬迁57918人）。截至2019年9月底，已有97192人搬迁入住（建档立卡62693人，同步搬迁34499人），还有34968人的新居正在紧张建设当中（建档立卡11549人，同步搬迁23419人）。调研区域易地搬迁人数变化如图2-3所示。坚持搬迁与脱贫并举，重点抓好产业与就业等后续扶持，确保搬迁安置一户，帮扶政策落实一户，稳定脱贫一户。在危房改造和易地搬迁的进程中，对于政府兜底解决住房问题的群众，采取"交钥匙"的办法，由政府出资就地、新近建设产权共有的经济适用农村保障房17371套，解决了一批农村最困难群众的基本住房问题。在进行整村推进项目时，出台指导意见，对"子女住安全房、老人住危旧房"现象进行重点整治，通过引导与子女同住、农户自筹资金改造、政府扶持等方式，解决了8111名老人的住房安全问题。

二是医疗——解决看病难、看病贵。为有效解决脱贫攻坚的"拦路虎"、赣州市大力实施健康扶贫工程，不断完善政策措施、健全工作机制，将健康扶贫作为当前卫生健康工作第一要务，以健康扶贫巡视整改为抓手，把基本医疗有保障、防止因病致贫返贫作为主攻方向，"三个一批"分类救治工作力度不断加大，健康扶贫取得重要进展。在基本医保、大病保险、医疗救助的基础上，按照每人260元的标准，2016年以来财政累计投入8.35亿元，为所有建档立卡贫困人口购买疾病医疗商业补充保险，构建起"四道医疗保障线"，惠及贫困群众90.87万人次。简化慢性病鉴定办理手续，开展慢性病鉴定、残疾人证办理上门服务，减少了因病致贫返贫现象的发生。随着赣州市医疗保障体系的逐步建立

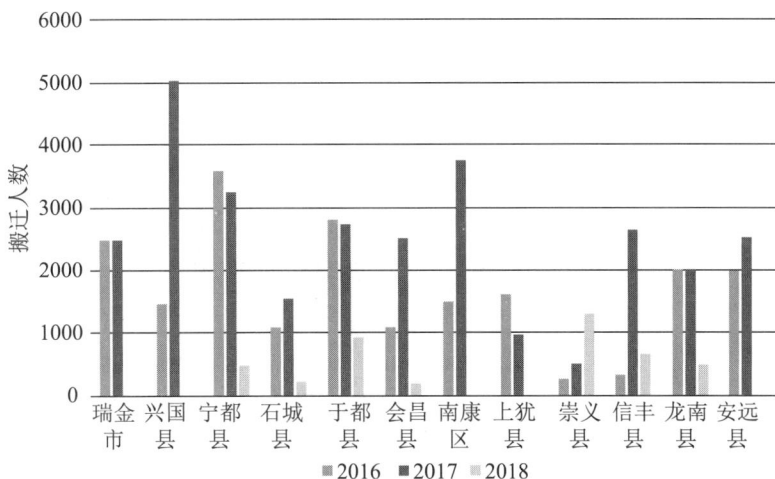

数据来源：赣州市精准扶贫攻坚战领导小组办公室

图 2-3 2016—2018 年赣州市调研区域易地搬迁人数变化情况

与完善，有效减轻了参保人员的医疗负担，打消了农户有病不敢看、担心医疗费用高的顾虑，减少了治病带来的家庭矛盾纠纷，不断提升群众的幸福感、安全感、获得感。截至 2018 年年底，赣州市因病致贫返贫家庭总户数由 2016 年的 18.2 万户减少到 2 万户，累计减少 16.2 万户。医疗扶贫资金投入使用情况如图 2-4 所示。2016—2019 年，财政投入11.31 亿元减轻贫困患者住院负担，将个人自付比例维持在 9.81% 的较低水平，全面提供兜底保障。2017—2019 年，赣州市在全国健康扶贫工作和培训会议上作典型经验发言及授课，两次在江西省卫计委健康扶贫工作会议上介绍经验做法。同时，赣州市在全国首创的贫困人口重大疾病医疗补充保险制度被国家卫健委向全国推广。

三是教育——阻断贫困代际传递。赣州市为有效阻断贫困代际传递，实行政策学校校长与乡镇属地双向负责制，推行"双线排查法"核查贫困学生，确保"精准识别、不落一人"。安排专人对厌学学生进行劝

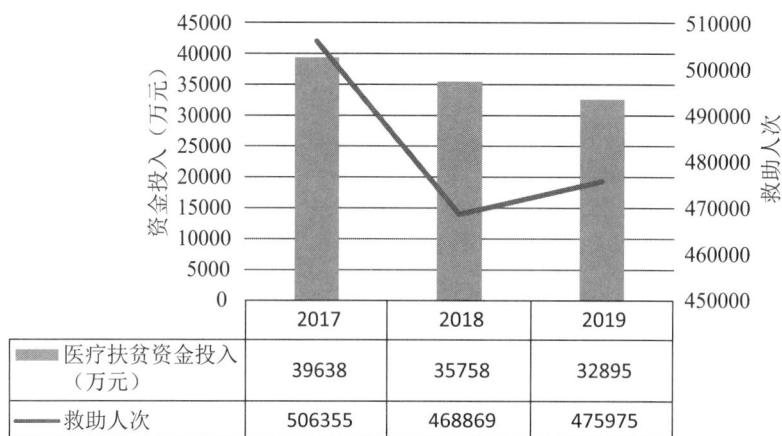

	2017	2018	2019
▨ 医疗扶贫资金投入（万元）	39638	35758	32895
── 救助人次	506355	468869	475975

数据来源：赣州市医疗保障局

图 2-4　2017—2019 年赣州市医疗扶贫资金投入使用情况

学，对因病因残无法上学的送教上门，全面落实异地就读教育资助政策，确保"应享尽享、应补尽补"。2016—2018 年，赣州市累计发放各类教育扶贫资助金 13.03 亿元，资助各级各类贫困家庭学生 151.78 万人次。2019 年春季学期，赣州市发放资助金 2.15 亿元，资助各级各类贫困家庭学生 26.67 万人次，确保贫困家庭的孩子都能上学受教育，不因贫辍学失学。赣州市通过改建教育教学设施、增强师资队伍建设、健全学生资助体系等一系列措施促进教育公平，学前教育毛入园率从 2010 年的 61.3％上升至 2018 年的 85％，九年义务教育巩固率从 2010 年的 93.26％上升至 2018 年的 99.22％（图 2-5）。

四是民政兜底——补齐民生最短板。赣州市逐年提高农村低保标准和农村分散供养特困人员标准，农村低保标准从 2015 年的 240 元/月提高到 2018 年的 340 元/月，增长 41.67％；农村分散供养特困人员标准从 2015 年的 260 元/月提高到 2018 年的 350 元/月，增长 34.61％。农

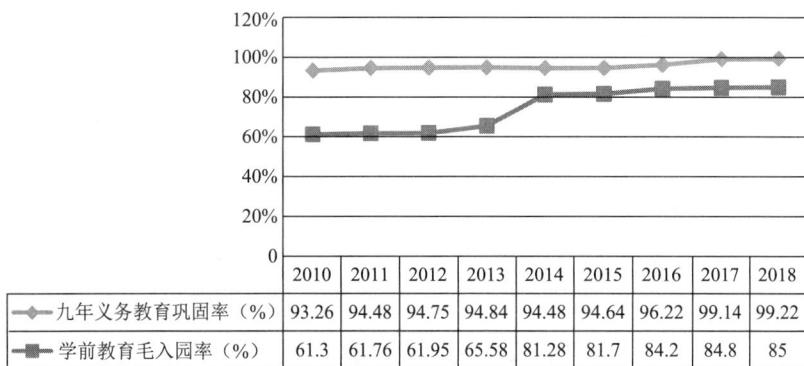

	2010	2011	2012	2013	2014	2015	2016	2017	2018
九年义务教育巩固率（%）	93.26	94.48	94.75	94.84	94.48	94.64	96.22	99.14	99.22
学前教育毛入园率（%）	61.3	61.76	61.95	65.58	81.28	81.7	84.2	84.8	85

数据来源：赣州市统计局

图 2-5　2010—2018 年赣州市学前教育及义务教育情况

村低保标准超过国家扶贫标准，每年春节为农村低保中的常补对象、重度残疾人增发 1 个月的低保金，实行重点保障。深入推进农村低保制度与扶贫开发政策（"两项制度"）有效衔接，"两项制度"衔接率从 2016 年的 80.3％提高到 2018 年的 88.2％，提高了 7.9 个百分点，对象保障更加精准。截至 2019 年 9 月，赣州市农村低保对象共计 32.75 万人。2016 年以来，赣州市累计支出农村低保金 31.4 亿元，织牢了兜底保障扶贫防线。

（二）赣州市脱贫攻坚的间接减贫效果

赣州市在打赢脱贫攻坚战的过程中产生的效果不局限于经济的发展、贫困村及贫困人群的减少、农民收入的增加方面，还通过党建引领扶贫工作，巩固党的执政地位，促进赣州市治理能力的提升和治理体系的现代化。同时，赣州市加强精神文明建设，摒弃不良思想，激发农户内生动力，使农户在享受物质生活的同时改善精神面貌。

1. 夯实党的执政基础，促进治理体系现代化

消除贫困、逐步实现共同富裕，是社会主义的本质要求。打赢脱贫

攻坚战是全面建成小康社会最艰巨的任务和标志性指标，是巩固党的执政基础、巩固中国特色社会主义制度、顺利实现第一个百年奋斗目标的底线要求。基层党组织是整个党组织的神经末梢，担负着凝聚群众、组织群众、教育群众、把党的路线方针政策落实到基层的重要责任，是党的全部工作和战斗力的基础。在脱贫攻坚这场战役中，赣州市抓党建促脱贫。在扶贫工作中，赣州市上级领导以身作则、以上率下，深入扶贫第一线；基层干部充分发挥党员先锋模范作用，以下看上。各县采用多元形式宣讲党的各类扶贫政策，如上犹县"乡间夜话"活动、宁都县"家访制"，合理利用农户闲暇时间，落实脱贫攻坚各项工作，拉近了干部与群众间的距离，密切了干群、党群关系。各级干部深入基层，通过与群众同吃、同住、同劳动，更进一步了解百姓，真正体验了百姓的辛劳、疾苦，在脱贫攻坚工作中得到了较大的培养，为实施乡村振兴战略提供了组织保障。同时强化基层工作这一层保障，抓好配套组织建设，提升基层组织能力：一方面改善农村办公场所，确保每一个村有一个会议室、一个为民服务中心，建立健全完善的基层党组织考核管理制度，把脱贫攻坚作为绩效考核的重要内容，倒逼村党组织书记把主要心思和精力放在脱贫攻坚上；另一方面大幅度提高农村干部收入，吸引外出务工能人及复员军人竞选村党组织书记，配齐配强基层党组织干部，培养村级后备干部队伍，保证扶贫队伍的稳定性，打造一支忠诚干净担当的观念新、能力强、作风硬的扶贫队伍，发挥基层党组织战斗堡垒作用。同时将基层治理重心逐步下移，发挥"三个小组长"（党小组长、村民小组长、妇女小组长）的作用，进一步夯实党的执政基础和群众基础。在脱贫攻坚工作中，赣州市扎实推进基层组织建设，坚持正向激励与反向约束机制，构建层级式的治理体系①，提高工作效率，逐步增强政府公信力，实现民心在基层凝聚、服务在基层拓展、问题在基层解决，推动基层组织建设全面进步、全面过硬，从而打牢基础，避免地动山摇。以党建促进农村基层组织建设、以农村基层组织建设促进减贫发展成为夯实中国共产党的执政基础、促进治理体系现代化、彰显社会主义制度优越性的伟大工程。

2. 乡村治理能力提升，农民精神面貌改善

赣州市在稳步推进脱贫攻坚工作中，坚持以社会主义核心价值观为引领，弘扬中华优秀传统文化和客家传统美德，破除陈规陋习和不良风气，树立文明健康的乡风。赣州市各村修订完善村规民约，教育引导群众依法自我执行、自我管理、自我教育、自我约束，让遵守村规民约成为村民的自觉行为。坚持以移风易俗为主线，建立健全红白理事会，对其主要成员进行培训，使红白理事会工作实现常态化、制度化、规范化，提高服务水平，有效遏制农村婚丧嫁娶中的大操大办、炫富攀比等不良现象，形成婚事新办、丧事简办的文明新风。同时开展道德评议活动，发布"道德红黑榜"、评选"文明家庭""身边好人"等各类先进典型，营造见贤思齐、向善向美的氛围，以身边事教育激励身边人。赣州市在扶贫工作中以新时代文明实践活动为抓手，开展感恩教育，突出"学习、活动、服务"三大功能，将"实践"贯穿始终，聚焦群众所思所想所盼。盘活现有基层公共服务阵地资源，建立新时代文明实践中心(站、所)，走村入户开展感恩教育宣讲，协调家庭邻里关系，帮助解决实际困难。

---

① 层级式的治理体系指市级、县级、乡级、村级，形成层级式的管理。

针对农村群众实际需要，因地制宜开展经常性、面对面、群众喜闻乐见的活动，带动群众参与文明实践；开展邻里节及乡村运动会等文体活动、红色文化传承活动、科学知识普及活动等多种形式的活动，丰富农村文化生活。同时发挥主流媒体舆论引导作用，广泛深入开展宣传报道，扩大宣传覆盖面和影响力，为群众答疑解惑，得到群众广泛支持。不仅弘扬了社会主义核心价值观、丰富了老百姓的精神生活，还起到了传承传统文化、展示村庄风采、促进邻里和谐、改善党群关系的作用，形成了和谐文明的乡风民风。坚持自治法治德治"三治融合"的新时代基层社会治理之路，对赣州市实施乡村振兴战略起到了基础性作用。

(三)赣州市脱贫攻坚的溢出效应

赣州市的脱贫攻坚工作取得了决定性胜利，产生了经济较快发展、贫困人口与贫困发生率双降低等直接减贫效果和夯实党的执政基础、农民精神面貌改善等间接减贫效果，还产生了一些溢出效应。

1. 建立互补式产业体系，构建多种利益联结机制

产业扶贫是打赢脱贫攻坚战的重要保障，是完成农村产业升级换代的主抓手。赣州市自精准扶贫战略实施以来，将产业扶贫作为解决贫困问题、促进赣南苏区发展的根本途径，立足于本地资源禀赋条件和经济发展基础，构建"五个一"机制，在该机制下发展优势特色产业，将赣州市建设成为三个产业扶贫示范基地之一，形成"乡乡有特色、村村有项目、户户有收入渠道"的赣南特色产业扶贫格局。在发展特色产业的过程中，赣州市充分考虑产业生产周期与产业发展引导者，坚持"长短结合、适度规模、效益优先"原则，打造全周期且三产融合发展模式下的

种养相结合的特色农业产业，同时扩大产业发展参与主体，发展家具产业、光伏产业等，建立了互补式的产业体系，并形成政府与社会资本共同参与的市场化扶贫大格局。赣州市在完善产业体系中构建"企业＋合作社＋贫困户""企业＋基地＋中介＋贫困户""企业＋村集体经济＋贫困户"等形式多样的特色利益联结机制，将生产者与销售者紧密结合，减少中间流通环节，解决农户销售难的问题。赣州市在引导发展产业的进程中，有效破解小农户与现代农业发展有机衔接的难题，打破当前我国农户家庭经营多数"小而散"的格局，联结产供销各环节，建立完整的产业链条并完善相关利益链，建立"风险共担、利益共享"的经营模式，保障小农户的根本利益，促进农业适度规模化经营，提升农业发展质量，加快农业农村现代化步伐。

2. 注重均衡发展，实现可持续发展

赣州市为有效促进贫困户与贫困边缘户均衡发展，在民生事业中探索出许多行之有效的经验，不断补齐民生短板，实现可持续发展。在医疗方面，赣州市在基层调研中发现非贫困人口患重大疾病的医疗负担依然较重，存在因病致贫的风险。为有效避免医疗费用支出保障待遇造成的"悬崖效应"，部分县先试先行探索医疗"四道保障线"之外的保障机制，缓解群众看病负担，降低贫困脆弱性。如石城县探索实施"非贫困人口大病医疗补充保险"，将其与已经实施的贫困人口重大疾病医疗补充保险衔接，构筑起全面覆盖城乡居民的大病医疗"保障网"，其与上犹县的"暖心基金"等探索解决"悬崖效应"，构建城乡融合发展机制，促进城乡要素平等交换与均衡配置，使非贫困人口也能更加公平地享受医疗保障权益，降低医疗费用自付比例，既有效防止了非贫困人口因病致贫

返贫，又缩小了其与贫困人口之间的医疗政策差距，营造了更加公平的社会环境，提高了群众的认可度和满意度。在安居扶贫方面，有效盘活各类闲置资源，为无能力或无经济能力的贫困户兜底建设农村保障房，实现资源充分使用；对需要搬迁的农户，根据其家庭劳动力强弱并充分尊重其搬迁意愿，进行县、乡、村三级梯度安置，同步落实后续帮扶措施，真正实现农户长远发展。赣州市在打赢脱贫攻坚战的进程中，引导外部资源要素回流，改善地域发展的机会与条件，激活乡村发展的内生动力，着力破解城乡发展不平衡与乡村发展不充分问题，促进城乡融合，解决"三农"问题。

四、践行扶贫思想理论的赣州经验总结

举国扶贫是我国目前改变贫困地区落后面貌的主要战略任务之一，在新时代扶贫理论指导下，为取得这场特殊战役的胜利，全国上下倾尽其力、听从指挥、积极落实，团结一致向前迈进。追溯历史，我国贫困地区居多，特别是老区人民还生活在温饱线以下，但乐观的精神指引他们为生活、为希望不断拼搏。在历史的车辙上，可以看到华夏儿女不屈的乐观奋斗精神。放眼当下，老区人民"不忘初心、牢记使命"，满怀感恩为脱贫攻坚战奉献一己之力，将脱贫攻坚战打响、打亮。抓好革命老区脱贫攻坚尤其有着重要政治意义，习近平总书记强调指出"要做好革命老区、中央苏区脱贫奔小康工作""确保老区苏区在全面建成小康社会

进程中一个都不掉队"。^① 赣州市作为革命老区，其特殊的历史地位不言而喻。在战火纷飞、硝烟弥漫的年代，赣州人民与中国共产党及人民军队生死相依、患难与共，用鲜血换来民族的独立、人民的解放。如今，作为江西省脱贫攻坚主战场，赣州脱贫工作取得决定性胜利意义重大，也充分证明了党的十八大以来以习近平同志为核心的党中央关于三大攻坚战中脱贫攻坚战的决策部署的正确性、充分实践了习近平新时代中国特色社会主义思想。在习近平总书记关于扶贫开发的系列重要论述指引下不断优化与完善贫困治理体系、促进治理体系现代化，极大地鼓舞了全国其他贫困地区打赢脱贫攻坚战并全面建成小康社会的决心与信心。

---

① 《图解 2019 全国两会》，107 页，北京，人民出版社，2019。

第三章 | 实践出真知，构建"扶贫体系"

> 脱贫攻坚已经进入决胜的关键阶段，各地区各部门要再加把劲，着力解决好"两不愁、三保障"突出问题，让老区人民过上幸福生活。①
>
> ——2019 年 5 月 20 日至 22 日，习近平总书记在江西考察时的讲话

习近平总书记指出，赣州是革命老区，抓好脱贫攻坚具有重要政治意义；抓好革命老区振兴发展，让老区人民过上富裕幸福的生活，具有特殊的政治意义。自精准扶贫方略实施以来，赣州市积极落实党中

---

① 《习近平关于"不忘初心、牢记使命"论述摘编》，144 页，北京，党建读物出版社、中央文献出版社，2019。

央和江西省各项扶贫任务，积极发挥对各县（市、区）的统筹与监管作用，出台一系列政策文件，保障各县（市、区）脱贫攻坚工作稳步推进。县域经济是国民经济的基础，发展壮大县域经济是全面建成小康社会、打赢脱贫攻坚战的关键所在。市一级为促进县域经济的发展，要统筹协调各类资源分配，最大限度地发挥各种支持政策的叠加优势、集成效应。赣州市上下牢记重托、感恩奋进，积极构建一套科学完整的扶贫体系，形成了以问题为导向的目标瞄准体系、以激励约束为导向的监督机制、以稳定发展为导向的脱贫长效保障体系。通过一系列实践运作，赣州市扶贫治理取得阶段性明显成效。

一、实施目标瞄准体系，因地制宜、因户施策确定脱贫方略

精准扶贫贵在精准、重在精准、成败也在精准。赣州市全面落实精准扶贫精准脱贫基本方略，精准识别对象，确保"不漏一户、不落一人"；根据贫困户致贫原因，实行靶向治疗、做到精准帮扶；当贫困户达到脱贫标准时，严格按照脱贫退出程序执行，防止边脱贫、边返贫现象发生。

一是构建精准识别对象系统。农村人口众多、贫困问题复杂，因此确定贫困对象识别标准、进行识别以及复核认定是比较烦琐的事情。赣州市委市政府利用干部直接联系服务群众"双向全覆盖"工作机制，深入细致做好贫困对象的精确识别、复核认定和建档立卡工作。首先，落实"七步工作法"（农户申请、村民小组评议、组级公示、村民代表大会审

核、村委会公示、乡镇复核及县扶贫办批准、村公告），科学高效识别贫困人口，为后续政策精准实施提供保障。其次，在复核审定阶段，采取"回头看"措施，将核定结果公示，采取民主决议的措施，针对有争议的农户及时核实并建立新增、筛除人员的信息台账和证明材料，实行"谁主管、谁调查，谁登记，谁审核，谁录入、谁负责"的背书责任制，及时做好贫困户动态调整，切实降低错评率、漏评率、错退率。此外，对于"6＋3"特殊群体（低保户、残疾户、大病户、无劳力户、住危房户、独居老人户，外来户、偏远户、散居户），构建动态调整系统，防止错评、漏评。

二是构建精准帮扶系统。推行市级领导包县、县级领导包乡、乡镇领导包村、双联干部包户的"四包责任制"，突出重点区域、重点人群。深入开展市领导"六个一"帮扶工作，即由每位市级领导带领一个市直（驻市）部门、一个市属企业，市财政安排 100 万元专项资金，重点帮扶一个县（市、区）、抓一个示范乡（镇）和一个示范村。深入开展单位定点扶贫工作，实现单位定点扶贫全覆盖，一定五年不变，一包到底，做到群众不脱贫、干部不脱钩。对于建档立卡的贫困人口，根据赣州市脱贫攻坚十大扶贫项目，让扶贫资源和帮扶措施精准落在贫困户头上，采取"一村一策，一户一法，责任到人，限期脱贫"。从农户致贫原因出发，分析如何提升农户可持续发展能力并有效激发内生动力，做到因人施策、精准滴灌。对于生态环境治理不到位的贫困地区，不断完善基础设施，提高公共配套服务能力，建立健全医疗保障体系，为进一步的扶贫工作做好前期准备。同时，赣州市委市政府采取拨付资金、提高基础设施完善度等措施来缩小贫困地区与非贫困地区的差距。这一系列措施促使脱贫攻坚长效稳定，也为后续乡村振兴奠定基础。

三是构建精准脱贫退出认定系统。赣州市在贫困群体退出认定方面，全方位构建严密、完善的模式，通过层层认定评判，实现贫困群体脱贫不返贫。贫困户脱贫退出亦实行"七步工作法"，确保脱贫退出的标准、程序严格、规范、透明。构建动态监察机制，利用国家扶贫开发信息系统和大数据技术，监测脱贫人口和贫困边缘户日常生产生活。农户可根据相应的评定标准自行上报，或通过基层干部时时监测及时掌握致贫、返贫情况，层层上报，及时录入或退出台账；建立分析研判机制，严格按照"入户核实、村级预判、乡镇审核、县级认定"程序，紧扣"一收入、两不愁、三保障"要求，对疑似致贫、返贫户进行分析评判；建立分类帮扶机制，在充分研判致贫、返贫信息的基础上，实施分类管理、因户施策，制定有效防止致贫、返贫的帮扶措施，通过在难关上扶持、在能力上扶智、在思想上扶志，对容易致贫、返贫户进行干预，确保非贫困户能发展、不致贫，已脱贫户稳得住、不返贫。

二、落实激励约束的路径体系，高效、可持续实现脱贫成效

一是构建监督考核系统。打赢脱贫攻坚战，必须做好精准扶贫监督考核的工作，创新精准扶贫监督考核的路径，优化精准扶贫监督考核的措施。赣州市为确保各项扶贫措施落到实处、真正发挥实效，始终坚持正确导向，强化考核问效，严抓督查、考核和奖惩等各个环节。逐步建立市对县、县对乡（镇）的督促检查机制，制定《赣州市脱贫攻坚督查工

作实施方案》，经常性开展督查指导，坚持领导带头、以上率下，把专项督查、明察暗访、媒体监督和第三方评估作为工作常态，采取电话抽查、随机督查等办法，加强驻村工作队和扶贫第一书记帮扶工作督查，形成一个覆盖扶贫各环节且能够发挥整体效能的全方位的精准扶贫监督机制，为提高扶贫资源使用效率提供制度性约束，也为全面消除农村绝对贫困的目标提供制度性保障。建立健全考核评价指标体系，实行差别化考核，逐步降低贫困地区城市建设、经济总量等硬性考核指标的内容及权重，重点加强对减贫数量、贫困人口收入增幅、基础设施和公共服务改善情况的考核，树立鲜明导向，推动县乡党委政府真正重视扶贫工作。统筹考核管理和结果运用，把扶贫绩效与干部选拔使用挂钩，将精准扶贫纳入领导干部个人年度绩效考评工作内容，增强扶贫干部的工作动力，让扶贫干部流露出对贫困群众的真情，将扶贫工作做实做细，不再停留在表面文章。严格实行奖惩制度，坚持在扶贫一线考察识别干部，把善抓脱贫攻坚作为衡量干部的重要标准，优先提拔重用在脱贫攻坚中作风过硬、实绩突出、群众满意的干部，激励各级干部到脱贫攻坚战场上大显身手，充分地调动扶贫干部工作积极性，实现由被动派下去到主动沉下来的转变，形成尽心竭力抓扶贫工作的良好导向与"扶真贫、真扶贫"的浓厚氛围。

二是构建资金对接使用系统。赣州市为了使曾经努力拼搏但生活水平仍旧不高的老区人民尽快过上好日子，针对扶贫项目实施进度慢和扶贫资金使用效率不高、管理不够规范等一系列问题，有效协调扶贫资金与扶贫项目间的对接，多途径探索破解之策。尤其是兴国县为建立健全财政涉农扶贫资金整合机制、完善财政涉农扶贫资金管理、切实提高财政涉农扶贫资金使用效益，以大刀阔斧的魄力出台政府性投资脱贫攻坚工程项目招投标、统筹整合财政涉农扶贫资金项目及资金管理办法等一系列行之有效的政策措施。按照"乡村提需求，扶移管项目，财政管资金，资金跟着项目走，监督跟着资金走"原则，统筹各部门项目、整合各部门财政涉农扶贫资金，实现"资金池"与"项目池"的精准对接，形成了"多个渠道来水、一个池子蓄水，大类间打通、跨类别使用、一个龙头放水"的扶贫资金投入、使用新格局，实现了由"资金等项目"向"项目等资金"转变。优化扶贫资源整合利用机制，将政府决策部门、财政部门、执行部门及监督管理部门之间的交叉工作重新整合，建立资源筹措的新机制，为扶贫工作的资金投入提供绿色通道，加快扶贫政策的落地生根，让革命老区的群众享受收获扶贫硕果的喜悦。此做法得到江西省人民政府充分肯定，并在全省推广。

三、建立脱贫长效保障体系，实现脱贫攻坚向乡村振兴过渡

党的十九大报告指出，中国特色社会主义进入新时代，我国社会主要矛盾已经转化为人民日益增长的美好生活需要和不平衡不充分的发展之间的矛盾。也就是说，随着社会经济的不断增长，贫富差距会越来越大，人与人之间、地区与地区之间的发展不平衡都会影响整体社会经济发展的节奏。随之到来的大扶贫时代，是解决地区贫困化问题和缩小贫富差距的主要措施之一。赣州市委市政府积极响应国家号

召，针对贫困地区、贫困人口大力实施政策帮扶，从而消除绝对贫困，使赣州市经济发展上一个新台阶。在此过程中，赣州市扶贫工作具有超前性，实施扶贫政策时，不仅针对建档立卡贫困户和贫困地区，还对非贫困人口和非贫困地区推行相对应的政策帮扶，同时对贫困边缘户问题亦非常重视，从而逐渐消除不同群体间的政策福利的"悬崖效应"。赣州市形成的这套完整的脱贫稳固系统，为进一步巩固脱贫攻坚成果、推进脱贫攻坚成果与乡村振兴有效衔接提供了"赣州方案"。

赣州市委市政府首先将相关政策向非贫困地区进行延伸，提高非贫困地区的基础设施及公共服务体系的水平；其次针对贫困边缘户出台对应政策，以防止贫困边缘户收入低于贫困线标准。一是提出将"6＋3"人员作为重点关注对象，对未纳入建档立卡贫困户的低保户、残疾户、大病户、无劳力户、住危房户、独居老人户和外来户、偏远户、散居户进行重点排查，及时了解这类人群的生产生活状况并提供一些帮助。针对这类人群实施教育帮扶政策，政策范围主要包括学前教育、义务教育和高中教育三个阶段，这为后续贫困边缘人口的研究和治理提供了经验。二是将金融扶贫政策向贫困边缘人口倾斜，将适用于贫困户的"产业扶贫信贷通"逐步向贫困边缘户扩展，并探索将贫困边缘户纳入信贷支持系统，以提升贫困边缘户的产业发展能力。三是将贫困边缘人口纳入大病医疗补充保险财政补贴范围之内，以降低贫困边缘人口因病致贫的概率。四是将"低保边缘户"纳为大病医疗救助对象之一，对人均收入在当地低保标准 120％以内的"低保边缘户"，以及家庭成员身患规定的 12 种重大疾病之一，治疗费用高且个人负担过重，影响其基本生活的家庭，经调查核实后，可实施一次性的大病医疗救助。

四、赣州市扶贫治理体系经验总结

精准脱贫是决胜全面建成小康社会的三大攻坚战之一，是农村全面建成小康社会的关键任务和硬任务。贫困地区是全面建成小康社会的短板，贫困革命老区更是短板中的短板。革命老区实施精准扶贫工作是一项政治工程，是实现全面建成小康社会的重要前提，是革命老区脱贫致富的根本途径。赣州市为提高扶贫治理工作效率和质量，科学构建扶贫治理体系，统筹各主体利益，引入多元扶贫力量，破解扶贫治理的碎片化管理，将精准扶贫的政策底色和扶贫的整体性治理高效统一，着眼于长效利益，对精准扶贫体系进行了优化设计，最终实现扶贫的整体效益。

(一)整体性治理的扶贫治理优化体系

整体性治理对不同层级政府、不同功能部门具有较高的协调和整合要求。赣州市在设计扶贫治理体系时，充分考虑到各层级政府的职权差异和各部门功能差异，求同存异，科学规划，从而破解了公共服务中的政策冲突、功能重叠、服务真空等碎片化问题。同时，精准扶贫的治理目标、治理主体结构、治理价值与整体性治理理念高度耦合，摆脱了扶贫资源使用碎片化、扶贫主体碎片化、扶贫政策碎片化的困境。统筹各部门项目、整合各部门财政涉农扶贫资金，实现"资金池"与"项目池"的精准对接，提高扶贫资金使用效率。推行市级领导包县、县级领导包乡、乡镇领导包村、双联干部包户的"四包责任制"，提高帮扶效率。通过一系列动作，提高政府对扶贫资源的整合能力，增强各部门协调统筹能力。

(二)着眼于长效，实现部门、制度、政策之间的有效衔接

自精准扶贫以来，赣州市积极贯彻中央精神，扶贫工作上升为政府的中心工作。赣州市通过建立目标瞄准体系实现贫困群体的精准识别、精准帮扶，通过精准管理获得巨大成效，通过精准考核实现贫困县脱贫摘帽。这一系列成就得益于赣州市扶贫治理体系的高效运作以及各个部门的高效配合。赣州市着眼于扶贫治理的长效稳定实施，在构建扶贫治理体系之初，为实现精准扶贫在目标、过程、结果三个阶段的有机衔接，加强部门之间的合作与协调，由扶贫办牵头，鼓励多个部门参与扶贫治理，发挥信息技术优势，实现部门之间的信息互通、资源共享，做好政策衔接。随着脱贫攻坚进入后期，赣州市积极构建脱贫长效保障体系，关注"6＋3"特殊人群生活状况，实施动态监测和政策倾斜，推进贫困人口长远发展。

五、赣州市扶贫治理启示

对市级层面的启示。自扶贫开发进入脱贫攻坚时期以来，各省、自治区、直辖市在习近平总书记精准扶贫重要论述的指引下，脱贫攻坚工

作取得显著成效。赣州市是全国较大的集中连片特困地区之一，其各级扶贫开发人在红色土地上以抛头颅洒热血的奋勇姿态描绘赣南脱贫奋斗史；将脱贫攻坚工作放在突出位置，统筹规划各项工作，做到精准谋篇布局；在正向激励与反向约束机制共同作用下，为脱贫攻坚提供组织保障，以"绣花"功夫落实精准扶贫战略；从改善农村基础设施薄弱环节到产业与就业等带动增强贫困农户自我发展能力，再到树标杆立典型，激发内生动力。在改善外在帮扶与提升内生动力相辅相成的机理下，探索出一条适合赣南发展的特色扶贫道路，在中国扶贫发展史留下浓墨重彩的篇章。总结新时代赣州市脱贫攻坚成就、提炼好实践经验，对其他贫困市在后扶贫时代巩固拓展脱贫成果、建立长效稳定脱贫与防贫机制提供有益借鉴。

对其他革命老区的启示。革命老区曾为中国革命和中华人民共和国成立作出重大贡献和巨大牺牲，经济发展滞后曾是革命老区的基本特征。革命老区艰苦奋斗、英勇顽强的作风以及不怕牺牲、勇往直前的精神，是做好老区农村扶贫解困工作的精神动力。赣州市作为全国革命老区代表之一，努力打造全国革命老区扶贫攻坚示范区，在新时代长征路上努力拼搏，刻画出苏区人民吃苦耐劳的形象。在扶贫新征程上，赣州市广大干部群众传承红色基因、坚定革命信仰，弘扬以苏区精神和长征精神为主的系列红色精神，为赣南苏区脱贫攻坚提供强大精神动力。各县(市、区)积极探索扶贫开发的有效方式，动员和组织广大群众，继续发扬战争年代自力更生、敢于斗争的精神，加快脱贫致富和新农村建设的步伐。总结赣南苏区的脱贫经验，对其他革命老区传承老区精神、讴歌老区精神的历史意义和时代价值具有重要启示。

对未来乡村治理发展的启示。贫困治理是国家治理的重要组成部分,贫困治理现代化将减轻国家治理的压力,促进和改善国家治理。新时代脱贫攻坚是中国共产党执政宗旨的生动体现,为促进国家治理体系完善与治理能力现代化作出有益探索。在扶贫工作中,赣州市通过包括提高干部待遇、打通晋升渠道、监督考核等在内的正向激励与反向倒逼机制互为支撑的管理体系,构建层级式的治理体系,突出加强基层党组织建设,同时将基层治理重心下移,为脱贫攻坚工作有效筑牢根基,对未来乡村治理发展提供有益启示。未来乡村若要实现有效治理,应充分发挥基层党组织的战斗堡垒作用、强化其带动作用,推动基层治理重心下移,尽可能把资源、服务、管理下放至基层,实现政府和村民共同治理的良性互动。

第四章 | 动力由内生，形成"脱贫机制"

　　赣州市委市政府在脱贫攻坚的进程中，深入学习习近平新时代中国特色社会主义思想，认真贯彻落实党中央、国务院和江西省委省政府脱贫攻坚决策部署。赣州市全体人民致力于建设全国革命老区扶贫攻坚示范区，坚持实施精准扶贫精准脱贫基本方略，从顶层工作设计到基层扶贫政策落实，形成一套党建带动下的干部工作机制、精神激励的内源化动力机制、产业就业双驱动的基层治贫机制和社会保障的兜底防贫工作机制。进而全方位、有步骤地统筹规划各要素，以集中有效资源，为全面打赢脱贫攻坚战奠定基础。

一、党建带动下的干部工作机制

赣州市是著名的革命老区，有着贫困面较大、贫困程度深、发展基础差、保障能力弱等情况，在脱贫攻坚中任重道远。实现革命老区全面小康是实现全国全面小康的优先任务，赣州人民"不忘初心、牢记使命"，努力实现小康。在习总书记的特殊关怀下，赣州人民进一步提振了打赢脱贫攻坚战的信心和决心。赣州市委市政府始终把打赢脱贫攻坚战作为首要政治任务和最大民生工程，以巡视反馈问题为抓手，扎实推进抓党建促脱贫攻坚工作。习近平总书记指出，苏区精神承载着中国共产党人的初心和使命，铸就了中国共产党的伟大革命精神。[①] 赣州市坚持党建引领，全体党员干部大力弘扬艰苦奋斗、脚踏实地、一往无前的苏区革命精神，坚持以习近平新时代中国特色社会主义思想为统领，紧密围绕精准扶贫中心工作，始终坚持高标准、严要求，切实发挥党建引领作用。赣州市不断强化组织保障，配齐配强村"两委"班子，强化基层党组织组织力，发挥基层党组织战斗堡垒作用，聚焦解决"两不愁、三保障"突出问题，在村集体经济发展上持续发力，探索创新村集体经济模式，实现了贫困户稳定增收，不断激发贫困群众内生动力。市厅级领导干部带头，层层压实责任，逐级抓好落实，大力扶持党员创业致富带头工程，党员干部结对联系贫困县和深度贫困村、选优下派驻村干部深入脱贫攻坚第一线，发挥先锋模范作用，弘扬长征精神，传承红色基因，带动和引领赣州人民团结一致打赢脱贫

---

① 参见《习近平关于"不忘初心、牢记使命"论述摘编》，17—18 页，北京，党建读物出版社、中央文献出版社，2019。

攻坚战。为保障脱贫攻坚取得全面胜利，赣州市坚持选派精兵强将上脱贫第一线，加大扶贫干部培训力度，形成脱贫一线实干担当鲜明导向，坚持正向激励与倒逼机制相结合，强化干部队伍建设，提升脱贫攻坚能力本领，确保如期实现高质量脱贫，为把赣南建成全国脱贫攻坚示范区作出新的贡献。

二、精神激励的内源化动力机制

赣南苏区是党领导的民主革命时期中革命环境最为艰难、斗争形势最为险恶、遭遇挫折最为频繁的地区之一。在这里，党和红军经历了刻骨铭心的磨难，进行了感天动地的奋斗，创造了彪炳千秋的伟业，书写了光耀中华的历史。苏区时期，无数革命先辈用鲜血和生命铸就了以"坚定信念、求真务实、一心为民、清正廉洁、艰苦奋斗、争创一流、无私奉献"等为主要内涵的苏区精神。第五次反"围剿"失利后，中央革命根据地日渐缩小，中央红军被迫从苏区突围，实行战略转移。1934年10月中旬，中央红军主力和中央党、政、军领导机关共8.6万余人从瑞金、于都出发，开始了震惊中外的二万五千里长征。红军在长征中表现出来的理想、信念、品质和作风，最后积淀成了伟大的长征精神。新一代赣州儿女正是在这一系列红色精神的指引下，传承红色基因，汇聚发展力量，以决胜小康慰先烈、点亮梦想铭党恩的坚定信念，开启了脱贫攻坚的新征程。

每一代人都有属于自己的长征路去奋斗。站在脱贫攻坚战的新起点，赣州市委市政府大力弘扬长征精神、苏区精神，传承红色基因，把中央对赣南革命老区的深切关怀和鼎力支持转化为强大动力，始终坚持以脱贫攻坚统领社会经济发展，把党的各项政策落到实处，大力实施精准扶贫，深入推进赣州市脱贫攻坚十大项目，增强农民自身"造血"能力，同时发挥苏区干部好作风，开展"机关干部下基层，连心连情促脱贫"活动，引导教育贫困群众激发内生动力，实现赣南苏区的振兴发展，确保赣州人民同全国人民一道进入小康社会，过上更加富裕幸福的生活。瑞金市是享誉中外的"红色故都"、共和国的摇篮、中央红军二万五千里长征出发地，是中国第一个红色政权——中华苏维埃共和国临时中央政府的诞生地，是毛泽东思想的发源地。光荣的革命历史为瑞金市留下了宝贵的红色旅游资源，多年来，党和国家高度重视红色文化的保护和可持续利用。现有54个中央机关和国家部委来瑞金市"寻根问祖"、重续"红色家谱"、建立爱国主义和革命传统教育基地，瑞金市成为全国最大、影响最广的革命传统教育名城。近年来，瑞金市依托丰富的红色旅游资源，大力实施旅游强市工程，坚持红色旅游产业发展与精准扶贫工作紧密结合，以国家全域旅游示范区创建为契机，以美丽乡村建设为抓手，大力发挥红色旅游在脱贫攻坚中的主力军作用，推动"旅游＋扶贫"，以"输血"和"造血"相结合的方式使红色旅游精准扶贫工作取得显著成效。2019年前三季度，瑞金市共接待游客815.8万人次，同比增长42.8%；实现旅游综合收入35亿元，同比增长60.6%。瑞金市有5%的贫困户靠红色旅游增加收入，提前走上致富道路[7]。

三、产业就业双驱动的基层治贫机制

《"十三五"脱贫攻坚规划》中指出，产业发展和转移就业"双轮驱动"确保有劳动能力贫困人口实现增收脱贫。赣州市为促进农业经济发展以及提升农户自身"造血"能力，通过多元化途径拓宽农民增收渠道，构建专项扶贫、行业扶贫、社会扶贫交错发展的扶贫大格局。在产业扶贫方面，赣州市依托"五个一"机制，建立政府、市场、社会多元主体参与的特色产业体系，搭建多项利益联结机制，将小农户与大市场连接起来，形成多元产业，互补式渗透于赣州市农村经济。同时，发挥政府对市场的统筹约束作用，在多治理主体共同参与下，搭建起区域经济增长的产业体系，奠定了在未来时空背景下有益于农业持续发展的生态基调。在就业扶贫方面，赣州市根据贫困户劳动能力的强弱和主观意愿提供就业岗位和就业服务，实施差别化就业扶贫举措，充分解决了女性贫困劳动力、留守贫困劳动力、老弱病残劳动力的就业问题，激发了贫困户的内源性脱贫动力，把人口压力转化为资源优势，实现了人口资源向人力资本的有效转变。同时，推动了乡村产业发展和乡村公共服务，提升了生态环境保护意识，实现了精准脱贫与乡村振兴建设的"双赢"。在消费扶贫方面，赣州市灵活运用市场化机制，动员社会力量扩大消费特色产品与服务，实现农产品有销路，激发贫困农户的主动性和积极性，为其提供稳定的增收渠道。

四、社会保障的兜底防贫工作机制

党的十九大坚持以人民为中心的发展思想，对坚决打赢脱贫攻坚战作出了重要部署。赣州市把解决民生问题放在重要位置，以政府为主导力量保障农村基础民生，编织出安居、医疗、教育纵横交错的制度兜底扶贫网络，重点打造各色民生亮点工程。在安居方面，渐进式地开展危房改造、易地搬迁、农村保障房建设、整改老人住老房工作，统筹解决自有房屋安全隐患、特困群体住房难、老人住旧房，确保农户住房安全并提升农户发展能力。在教育方面，把教育扶贫作为精准扶贫的优先任务，配套完善教育软硬件，健全学生资助体系，实现教育内涵式发展，着力从思想根源拔除贫根，阻断贫困代际传递。在医疗方面，将解决贫困户"看病难、看病贵"的难题作为工作重心，建立健全健康扶贫长效机制，不断提高健康扶贫质量和实效，减轻贫困人口看病负担，保障城乡居民的多层次基本医疗保障需求。在民政兜底方面，紧紧围绕保障和改善民生，不断加强农村低保对象精准识别，持续完善农村低保标准动态调整机制，促进农村低保制度和扶贫开发政策有效衔接，有力推动兜底保障精准到位，不断增强贫困人口的获得感、幸福感。

五、赣州市构建扶贫机制的经验总结

科学有效的扶贫机制能够提高扶贫质量。赣州市致力于将调研实践与理论指导相结合，依据地方实际情况，构建起符合本地发展节奏的扶贫机制，通过扶贫机制将各方力量统筹起来，实现集中发力。为避免顶层机制构建与地方实践不配套，赣州市通过多次调整，实现顶层统一与地方特色相匹配的扶贫机制，并充分发挥精神激励的力量，借助机制作用将其融入贫困群体中，构建具有关联性、整体性的扶贫机制，实现多位一体的大扶贫格局。

(一)统一规划与地方特色相结合

贫困问题是困扰社会经济发展的全局性问题，赣州市地形复杂、人员结构复杂，多种因素交织致使赣州市贫困状况不容乐观。为确保扶贫工作的高效性，统一规划、统一领导是必不可少的环节，只有确保扶贫工作的系统性、整体性、协调性，才能真正做到扶贫工作步调一致。"市级规划，县级落实"是赣州市的主要工作步骤。以习近平总书记关于脱贫攻坚的思想为指导，赣州市积极学习，在落实方针政策的同时，长期开展实地调研，结合各县乡实际情况，制定具有地方特色、科学有效的工作机制，以促进赣州市扶贫工作的顺利开展，同时也彰显了赣州市实事求是、一切从实际出发的务实精神和各级政府的创新精神。

(二)将精神激励根植于机制构建

赣州市在扶贫建设中立足于激励贫困人群积极性，在脱贫攻坚的"新长征"路上将长征精神、苏区精神与脱贫攻坚工作相融合，积极构建扶贫治贫工作机制。借助精神激励的力量唤醒贫困群体自我意识，让贫困群众摆脱惰性，明白扶贫脱贫不是党员干部的事，而是实现自我价值的事。首先，注重扶贫与扶志相融合，开展"机关干部下基层，连心连情促脱贫"活动,借助干部力量正面引导群众,激发群众生产生活积极性。其次,充分发挥苏区干部好作风,深入推进脱贫攻坚十大项目,拓宽农民增收渠道,增加农民收入,同时不断补齐民生短板,提升农民幸福感。最后,将产业带动作为激发贫困群众自身动力的根本措施,避免直接发放帮扶资金的窘境,让贫困户通过自己的双手获得收入,实现有尊严地脱贫。赣州市通过多种形式的方式方法,无形中将"我要脱贫"的思想意识根植于贫困群体中,借助机制构建的方式,使其成为体系化、可复制的"赣州方案"。

(三)搭建具有全局性、关联性的扶贫机制

破解"三农"问题是加快现代化进程中最艰巨的任务,也是全面建成小康社会面临的最大难题。发展现代农业是全面实现小康目标的关键,也是增加农民收入、繁荣农村经济的关键。产业是一个地区经济长远快速发展的基础,也是农民增收的重要渠道之一。农业产业化是解决农村经济深层次矛盾和问题的必然选择,也是提高农业生产效率的重要手段,农业产业化模式的优化升级是实现传统农业向现代农业转变的必由之路。赣州市依托"五个一"机制发展特色农业,为产业长远发展提供一系列服务。如通过人才、技术、资金等生产要素的优化配置与合理流动,为农业产业化纵深发展奠定基础;构建"企业+合作社+贫困户""企业+基地+中介+贫困户""企业+村集体经济+贫困户"等利益联结机制,打破"小农经济"的局限性,使小农户与现代农业有机衔接,使各个利益主体相连接;同时依据农产品对地域有依附性的特点,发展地理标志产品,促进农产品区域品牌化发展,提升农产品的附加值。赣州市

从产业发展的前期、中期、后期统筹布局，逐步形成现代农业产业体系的雏形。依据现代农业产业体系，赣州市科学布局、统筹规划，以产业为核心，连接起其他扶贫模块，将产业扶贫、就业扶贫相链接，在发展产业扶贫的同时注重生态治理，发展生态旅游，激发农户开展"农家乐"等旅游活动以增加就业，设置生态保护公益岗位，为贫困群体增收致富创造条件，由此形成全局性、关联性的扶贫治理格局。

六、赣州市构建扶贫机制启示

(一)扶贫机制要具有灵活性和高效性

精准扶贫本身就是根据新时代农村扶贫的需要和特点而作出的重大变革，通过全面改变扶贫工作方式、调动全社会力量参与取得非凡成就。随着绝对贫困的消失而来的是相对贫困，时局的不断变动也促使扶贫机制在创新上具备灵活性。特别是在脱贫攻坚与乡村振兴衔接期，需要审时度势、随机应变，此时机制的灵活性尤为重要。赣州市探索形成社会兜底保障机制，对贫困边缘户、"6+3"特殊群体采取动态监测、实施报备的措施，灵活应对发生的多种情况，从产业、教育、卫生医疗等多个方面保障这类群体的生产生活，有效巩固了脱贫成果，体现了循序渐进的科学性和高效性。

(二)扶贫机制要具有稳定性和互联性

一般来说，扶贫机制是保证扶贫工作的长期顺利进行和发挥其各项功能的首要前提，因此需要具备稳定性。赣州市在扶贫机制设置方面注重机制的长期有效和支撑作用，探索产业扶贫"五个一"机制，依据地方特色在机制创新上落实产业扶贫的每一个环节，确保脱贫质量。此外，机制需要具备互联性。每个事物都会与其他事物有千丝万缕的关系，一个事物的产生和变化会直接或者间接影响到另一个事物的发展变化，机制创新也不例外。扶贫机制是由一系列政策、制度、规范等组成的，机制的各种不同层面和方面需要相互配合、各司其职，才能形成一个完整的运行系统，共同保证扶贫工作的正常进行。赣州市在确保贫困地区、贫困人口高质量稳定脱贫的前提下，实现机制各个部分互相配合、高效运作。通过生态扶贫大面积恢复生态种植区域，借助生态恢复区域发展旅游业、种植业来提高农户就业水平，使自然生态环境能够提升增值空间。通过党建带动规范干部工作行为、工作机制，时时监督资金投入和责任落实，进而保障扶贫工作的顺利有序开展。机制的稳定性和互联性能促进社会经济的可持续发展，是探索未来乡村振兴的有效尝试，也是未来社会发展的最好归宿。

第五章 ┃ 上下紧结合，致力"整体推动"

　　赣州市以产业扶贫为主抓手，发挥其辐射带动作用，将扶贫工作各个模块组合起来，拼接成独属于赣州市的扶贫地图。在这幅地图上，各模块相互联系、层层嵌套，使得赣州扶贫效果显著增强。通过"市级规划，县级落实"，区县一体齐心协力扶贫治贫，形成立体式脱贫攻坚格局。这样的扶贫方式可谓赣州首创，具有推广价值。

一、"互补式"发展：精准带动全域产业的赣州扶贫治理

　　作为"五个一批"重要举措之一，产业扶贫更强调

扶贫的精准性和特惠性，其政策实施的主要目标是到 2020 年时，每个贫困县发展并建设一批贫困户参与度高的特色产业基地，形成特色产业体系，每个贫困乡镇、贫困村拥有自己的特色拳头产品，并在扶贫中后期逐渐形成三产融合的特色产业格局[8]。基于此目标，赣州市委市政府不断探索产业扶贫新模式、新途径，在本地区自然地理环境、市场发育环境和人力资本水平平稳的情况下创新形成"五个一"产业扶贫模式，各县(市、区)在这一模式框架内创新、探索和实践，从而令产业扶贫领域不断涌现"百花齐放，百家争鸣"的盛况，产生诸多典型经验和做法，形成具有赣州特色的产业扶贫系列，是我国扶贫工作经验总结和未来乡村振兴发展探索的有益素材。

(一)"五个一"机制：赣州市统领的产业扶贫导向

保障贫困人口"两不愁、三保障"始终是赣州市脱贫攻坚的方向引领。赣州市委市政府立足于本地资源禀赋和经济发展基础，坚持"长短结合、适度规模、效益优先"原则，按照"选准一个产业、打造一个龙头、建立一套利益联结机制、扶持一笔资金、培育一套服务体系"的"五个一"思路，探索出适合赣南苏区产业扶贫发展的路子[9]。

坚持"造血式"扶贫是发展产业的主要途径。赣州市依托"五个一"产业扶贫机制，针对地区产业环境、资源禀赋等特征，按照长短结合、种养互补、三产融合的思路，重点发展脐橙、油茶、蔬菜三大主导产业，将畜禽、百香果等"短平快"产业作为辅助，并引导贫困户发展光伏、家具等非农产业。与此同时，赣州市各县(市、区)灵活运用"五个一"产业扶贫机制，并在此基础上创新"五统一分""七统一分"等地方特色产业模式，构建起"数村一品，多乡一业"的特色产业体系。进而打造区域品牌、延伸产业链、增加产品附加值，并巩固提升区域产品的整体市场竞争能力。

表 5-1 赣州市主要扶贫产业

产业一	脐橙产业
产业二	蔬菜产业
产业三	油茶产业
产业四	黄鸡产业
产业五	光伏产业
产业六	家具产业

(二)县级落实与创新

依靠市级统一领导、县级积极筹措，基于本地资源特色发展，建立起以脐橙产业、油茶产业为主的"长效"产业，统分结合模式下的蔬菜产业、畜禽产业为主的"短平快"产业，政府与社会资本共同参与的市场化扶贫大格局。通过构建利益联结机制，让贫困户进入由经营主体主导的产业链体系，以解决贫困户无产业、难发展的问题，进而实现贫困户收入的稳定持续增长。

1. 产业融合引导下的脐橙产业

赣南地区气候、温度、土壤适宜脐橙生长，脐橙种植历史长。赣州市委市政府通过系列政策帮扶、提供技术支撑、延伸产业链等路径增加贫困农户收入。如安远县作为赣南脐橙的核心主产区，在市级政策的统筹下，精准落实脐橙产业扶贫政策，鼓励龙头企业、合作社等新型经营主体带动贫困户发展，推行"脐橙＋电商＋扶贫"模式，健全营销体系，打通上下游间的通道并完善产业链条，使安远成为赣州乃至全国最大的脐橙生产基地，获得首个国家级出口脐橙质量安全示范区、全国首批无公害脐橙生产和出口示范基地县、全国首批绿色食品原料（脐橙）标准化生产基地等称号，打造出"全国脐橙看赣州，赣州脐橙看安远"的品牌效应。2018 年，全县脐橙产量 16.25 万吨（图 5-1），脐橙产业集群年产值达 11.5 亿元。

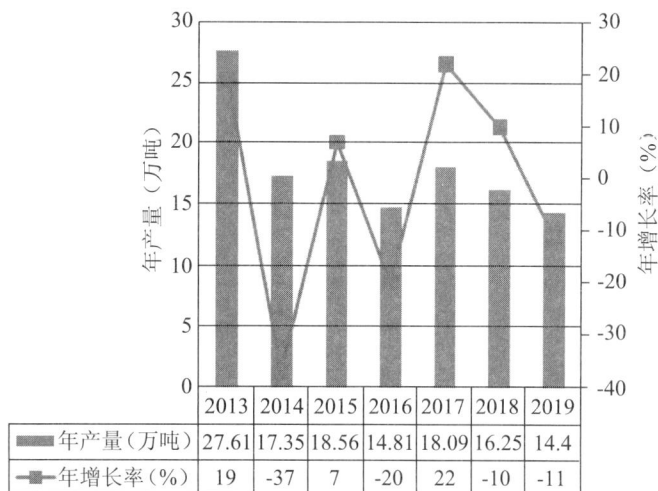

	2013	2014	2015	2016	2017	2018	2019
年产量（万吨）	27.61	17.35	18.56	14.81	18.09	16.25	14.4
年增长率（%）	19	-37	7	-20	22	-10	-11

图 5-1　2013—2019 年安远县脐橙年产量及年增长率变化值

2. 规模化、集约化的油茶产业

油茶产业是赣州市主导产业之一，各县（市、区）贯彻落实上级政策，立足本地资源禀赋和发展基础，以农户为主体、以市场为导向、以效益为核心、以技术指导为动力，发展油茶产业。首先依托传统油茶基础，整改低产油茶林，创新利益联结机制，促进油茶产业融合，推进油茶产业向经济型、效益型、生态型产业发展。如兴国县于 2016 年实施低产油茶林、残次油茶林改造工作，在改造期间鼓励贫困户参与工作，辐射带动贫困户 600 户以上。其次依托"五个一"机制，通过多种经营主体带动，构建以股份联结、订单式联结为主的利益联结机制，减少林农种植风险，将小农户与大市场充分联结，实现多元主体参与。最后以市场需求为导向选择合适的产业融合路径，延伸产业链，发挥品牌效应。如龙南县借助本地丰富的旅游资源，将农业产业与旅游产业融合，建设油茶综合批发市场，促进油茶籽及其延伸副产品的精深加工，打响龙南油茶品牌，进而快速占据市场。

3. 统分结合下的蔬菜产业、黄鸡产业

赣州搭乘产业扶贫快车，大力发展蔬菜种植，逐渐形成蔬菜产业基地规模化、生产标准化、服务社会化等效应。广泛吸引龙头企业入驻各县（市、区），打造一批有技术、有先进管理理念、可引导的现代化蔬菜基地，使新型经营主体带动贫困户长效稳定发展，通过引导农户种植、流转土地、到蔬菜基地务工等形式促进贫困农户稳定增收。同时开发"产业扶贫贷""金穗蔬菜贷"等金融产品，降低贫困户经营风险。如宁都县借鉴山东寿光蔬菜产业发展经验，于 2018 年创新提出"七统一分"模式（图 5-2）。到 2019 年 11 月为止，大棚蔬菜基地约有 1.2 万亩，能够吸纳贫困户种植就业 3000 余户，带动贫困人口 1 万人左右，实现了户增收 2 万元以上。通过统一整合土地，改变了宁都县蔬菜种植碎片化、零星化问题，并形成"一带一园一区"的蔬菜产业带，覆盖青塘镇、黄石镇、田头镇等 10 个 1000 亩以上的乡镇[10]。宁都县在蔬菜产业方面的成功实验得到赣州市委市政府的首肯，并于 2019 年在全市推广"七统一分"模式。

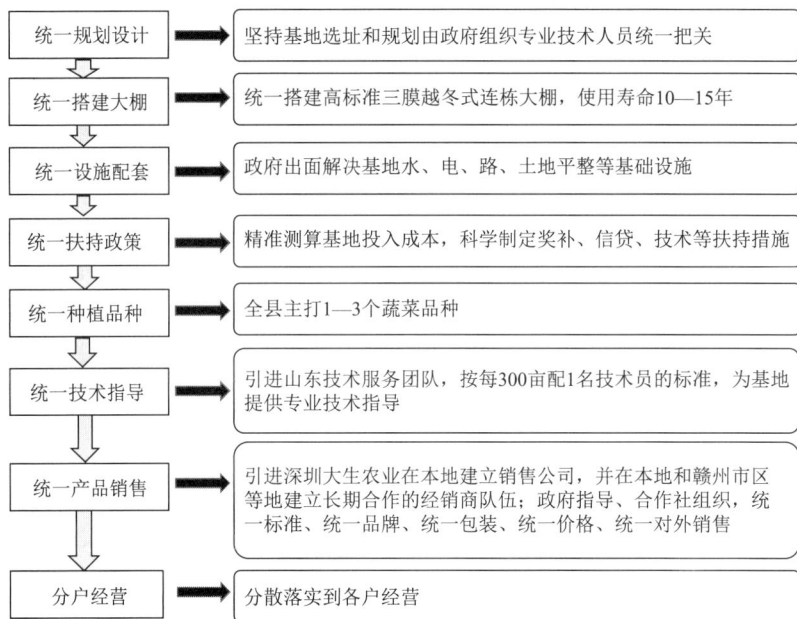

资料来源：根据宁都县资料整理

图 5-2 宁都县"七统一分"模式具体内容

赣州市在发展黄鸡产业中，突出龙头企业带动、生产经营模式带动，实现贫困户务工收入、贫困户股金分红收入、村集体经济收入的增加。如宁都县依托"宁都黄鸡"商标优势，在市级政策的支持下，创新提出"五统一分"模式，即统一提供鸡苗、统一提供饲料、统一提供药品、统一提供技术支持、统一收购订单和分户养殖。通过发挥培植龙头企业和示范合作社的带动优势，整合计划、生产、加工、营销等要素，使资源得到充分利用。例如江西惠大实业有限公司与贫困户签订养殖合同，采用"五统一分"模式养殖宁都黄鸡，通过这一模式带动 300 多户贫困户就业。截至 2018 年，宁都黄鸡产业带动贫困户 5680 户，养殖规模已达到 9000 万羽[10]。

4. 政府主导发展的光伏产业

赣州市出台与市情相适宜的光伏扶贫政策，督导县级层面成立光伏产业扶贫小组，高位推动光伏产业扶贫；通过政府出资、企业投资的方式，带动贫困群众增收；以贫困户户用光伏扶贫电站、贫困村村级光伏扶贫电站和集中式光伏扶贫电站三种建设方式实现光伏产业全面覆盖贫困村、贫困户，在政府引导下带动贫困户、贫困村经济稳定增收，从而实现脱贫目标。如于都县截至 2019 年已建成光伏扶贫电站项目 2811 个，其中集中式电站 1 个（装机容量 20 兆瓦）、户用电站 2451 个（装机容量 12.246 兆瓦）、村级电站 355 个（装机容量 10.725 兆瓦）、联村联建电站 4 个（装机容量 19.315 兆瓦），全县存量光伏扶贫电站项目总装机容量 62.286 兆瓦（居全市第三），直接受益建档立卡贫困户 2451 户、每年动态受益失能弱能贫困户 700 户，纳入公益性岗位受益的贫困人口每年约 1600 人次。村级光伏扶贫电站发电收益用于小型公益事业，让贫困户和非贫困户都能受益（表 5-2）[11]。

表 5-2　于都县光伏扶贫产业一览表

模式类型	装机数量（个）	装机容量（兆瓦）	覆盖户数	
			直接受益建档立卡贫困户	每年动态受益失能弱能贫困户
户用电站	2451	12.246	2451	700
村级电站	355	10.725		
联村联建电站	4	19.315		
集中式电站	1	20		
合计	2811	62.286	3151	

资料来源：根据于都县资料整理

5. 以家具产业为代表的社会主体带动

社会企业加入农村产业扶贫能够稀释政府在扶贫工作中承担的压力，社会扶贫以其较强的灵活性、对市场的敏感度、对社会使命的追求、先进的技术服务以及与贫困群体的互动促使产业扶贫更加市场化、合理化。赣州市通过注入社会力量，保障了扶贫质量，改善了贫困群体观念，激发了贫困群体内生动力，从而促使贫困群众自主脱贫，实现经济发展的长效稳定。如南康区家具产业发挥社会公益性作用，成功与"一带一路"沿线国家发展战略对接，将产业发展与本地贫困人口紧密相连，形成社会企业助脱贫的景象，实现小农户与全球市场对接的"木材买全球，家具卖全球"。着力增强产业集群效应，打造规模化家具产业扶贫园区，将易地扶贫搬迁与产业扶贫有机结合，解决搬迁后贫困人群的就业收入问题，为后续扶贫工作奠定基础。依托家具产业及其配套产业集群，南康区大力鼓励贫困劳动力就业，截至 2019 年 1 月底，有 41856 名（2018 年年底为 40473 名）贫困劳动力实现了就业。其中，在家具产业及其配套产业就业的贫困劳动力有 14024 名（2018 年年底为 1.35 万名），占已就业贫困劳动力总数的 33.51%（2018 年年底为 33.4%），人均月工资达 3000 元左右，人均年收入远超江西省 2018 年 3535 元的脱贫线，使贫困劳动力实现高质量脱贫。

二、差别化就业扶贫：增强贫困群体"造血"能力

就业扶贫首先要精准识别，摸清贫困劳动力基本情况、就业意愿和就业服务需求，对症下药，精准服务。赣州市紧咬"就业一人，脱贫一

户"目标，主要通过转移就业，依托扶贫车间、公益性岗位、农业基地、合作社等平台链接贫困劳动力就业等一系列措施，开展就业扶贫工作。根据贫困人口劳动能力的强弱和主观意愿提供就业岗位和就业服务，实施差别化就业扶贫举措，多措并举促进赣州市所有贫困劳动力充分就业、稳定增收（表5-3）。人社部农村贫困劳动力就业信息平台数据显示，全市建档立卡贫困人口115.03万人，其中有劳动能力的32万人。2017年以来累计帮扶20余万名贫困劳动力就业增收，就业扶贫工作取得较好成效。2017年全国、全省就业扶贫经验交流现场会在赣州召开，赣州就业扶贫做法得到充分肯定[12]。

表 5-3　赣州市就业补贴类型及补贴标准一览表

就业补贴类型	补贴标准
企业（实体）吸纳贫困劳动力岗位补贴	各地根据实际情况对企业（实体）、贫困劳动力个人给予补贴
交通补贴	省外务工500元/人
	省内跨县（市、区）300元/人
扶贫车间运行费补贴	扶贫车间吸纳贫困劳动力就业1000元/人/年
	在深度贫困村建设的扶贫车间吸纳贫困劳动力就业2000元/人/年
扶贫车间岗位补贴	贫困劳动力稳定就业6个月以上，各地根据实际情况补贴扶贫车间和个人
扶贫车间建设补助	各地根据实际情况对稳定运行一年以上的具有较好经济、社会效益的扶贫车间按年或一次性给予建设补助
就业扶贫公益性岗位补贴	按规定给予岗位补贴
就业扶贫产业基地补贴	参照"企业（实体）吸纳贫困劳动力岗位补贴"标准

续表

就业补贴类型	补贴标准
一次性创业补贴	对在赣州市内创办企业且稳定经营 6 个月以上的贫困劳动力，给予 5000 元的一次性创业补贴
培训补贴	企业与贫困劳动力签订 1 年合同并开展岗前培训的，给予该生产经营主体 500 元/人的职业培训补贴
	对组织免费培训的定点培训机构，给予 600 元/人以上的培训补贴
	对创新开展引导性培训的，按不超过 150 元/人的标准给予培训等相关补贴
生活补贴	培训期间，给予贫困劳动力 30 元/人/天的补贴
一次性求职补贴	对参加就业培训取得职业资格证或培训合格证的贫困劳动力学员，给予 500 元/人的补贴
	对在赣州市高校就学的建档立卡贫困家庭应届毕业生，给予 1000 元/人的补贴

资料来源：根据赣州市资料整理

(一)引导外出转移就业，鼓励青壮年贫困劳动力高质量就业

转移就业扶贫模式是赣州市解决青壮年贫困劳动力就业问题的主要手段，对就业能力和就业意愿较强的青壮年贫困劳动力，通过多渠道、多角度、创新性手段，鼓励其外出实现就业。截至 2019 年 10 月底，累计帮扶 23.95 万贫困劳动力转移就业。

一是多级政府联动，创新渠道提供岗位信息。市、县、乡、村就业信息共享联动，多渠道提供就业信息，通过微信公众号、手机短信、流

动招聘宣传车、电子显示屏等方式定时发布招聘信息，鼓励和引导贫困
劳动力到企业就业。2017年到2019年上半年，共组织开展就业扶贫专
场招聘会、"送岗进村"等活动908次，发布招聘信息7万余条。例如**宁
都县**为了实现岗位信息与贫困户求职信息的精准对接，充分发挥基层公
共服务平台作用，2019年通过"宁都就业名片"短信平台、"宁都企业招
工"微信公众号、"春风行动"企业招聘现场会和送岗进村、送岗入户"就
业扶贫日"活动等各种渠道为贫困劳动力提供招聘信息，引导贫困户充
分就业。截至2019年10月底，宁都县贫困劳动力共转移输出就业
34139人，其中省外务工29220人，县外省内务工4919人（表5-4）。

表5-4　2019年宁都县主要招聘信息渠道汇总表

招聘信息渠道	成效（2019.1—2019.10）
"宁都就业名片"短信平台	贫困劳动力转移输出就业34139人 其中：省外务工29220人 县外省内务工4919人
"宁都企业招工"微信公众号	
"春风行动"企业招聘现场会	
送岗进村、送岗入户"就业扶贫日"活动	

资料来源：根据赣州市资料整理

二是丰富培训方式，提升就业技能。赣州市紧密结合产业发展、用
工需求和劳动力意愿，多角度开发电子商务、家庭服务、养老护理、厨
师面点等课程。根据贫困劳动力的时间安排，采取集中培训、个性辅
导、送课上门、以工代训等形式，提高不同类别贫困劳动力技能培训的
参与度。2017年以来，赣州市人社等系统开展培训6.39万人次，发放
补贴5171万元（表5-5）。如**于都县**在对全县贫困劳动力开展调查的基础
上，针对贫困劳动力就业取向、培训意愿，精准开展各类培训。对有转
移就业意愿的，组织开展服装、电子、家政等各类就业技能培训；对有

发展产业意愿的，组织开展农业种养、果蔬栽培等各类产业生产技术培训；对有创业意愿的，组织开展创业培训、电商培训等。通过开展各种技术技能培训，提升了贫困劳动力转移就业、发展产业和创业的能力，拓展了其就业渠道和从业门路。

表5-5　2017—2019年赣州市人社等系统开展培训与发放补贴情况

年份	贫困人口（人）	开展培训（人次）	发放补贴（元）
2017	1143334	13581	9530250
2018	1150290	22755	21843889
2019	1143295	27570	20339095

资料来源：赣州市人力资源和社会保障局等

三是创新补贴措施，激发就业动力。赣州市创新性地为培训结业的贫困劳动力发放就业补贴，鼓励其积极外出寻找就业机会，对离乡离土务工（含灵活就业）的贫困劳动力给予300—600元/人/年的交通补贴，同时大力简化申请手续。从2017年至2019年10月底，共为41.47万人次发放贫困劳动力交通补贴2.38亿元。如石城县为了让转移就业的贫困劳动力能及时精准享受交通补贴政策，规定事实上已经就业但无法提供银行工资流水的贫困劳动力可由个人自主申报，严格参照申报流程，对符合条件的，由县财政局将交通补贴资金直接拨付到贫困劳动力的"一卡通"银行账户。2018年申报审批交通补贴16136人、发放一次性交通补贴691.6万元，相比2017年（申报审批交通补贴320人、发放一次性交通补贴13.3万元）明显激增。

（二）创建扶贫车间，实现留守贫困劳动力门前就业

赣州市委市政府通过建设扶贫车间，帮助有就业能力、就业意愿但

由于年纪偏大、身有残疾、家有老小等客观或主观原因而无法外出就业的贫困劳动力实现门前就业，充分发挥扶贫车间的社会效益及经济效益。截至 2019 年 7 月底，赣州市共有扶贫车间 1148 个，直接吸纳贫困劳动力就业 1.08 万人。

一是鼓励多主体创办扶贫车间。乡村扶贫车间具有就业门槛低、工作时间灵活、订单有保障等特点，顺应了留守贫困劳动力的就业需求。赣州市采取多种模式，不断扩大扶贫车间规模，引导贫困劳动力就近就地就业。首先是鼓励市场主体自主创办扶贫车间。重点鼓励服装纺织、电子、手工工艺、农产品加工等劳动密集型企业，通过租赁闲置土地或厂房的方式创办扶贫车间。其次是支持返乡能人创办扶贫车间。充分运用返乡能人在外经商务工过程中积累的技能和资源，引导其利用自有或村民房屋创办扶贫车间。最后是政府主导创办扶贫车间。由政府整合资源创办扶贫工厂，以点带面，发挥辐射示范作用，带动乡村建设扶贫车间。如**龙南县**以杨村镇车田村为试点，开创了以包村就业扶贫车间为载体的扶贫模式。该车间利用闲置房屋创办经营，由村委会主体运作，切实解决了由于客观或主观原因无法离乡外出务工的贫困劳动力的就业问题。2019 年 10 月，龙南县扶贫车间带动模式入选"全球减贫最佳案例"。

二是制定扶贫车间全方位补贴政策。赣州市多次出台扶贫车间相关规范文件，明确车间建设补助、运行费补贴、岗位补贴及培训补贴等政策，既让贫困劳动力享受到政策红利，又调动了社会力量参与车间建设管理的积极性。截至 2019 年 7 月底，全市稳定运行一年以上的车间有 987 个，占总数的 86%。2017 年以来，共发放各类补贴 8944 万元。如上犹县依托光电科技产业园建设乡村光电产业扶贫车间，并享受各类补贴(表5-6)。

表5-6　上犹县光电科技产业园扶贫车间的具体补贴情况

项目	具体内容
创业贷款	给予100万元以内的创业担保无息贷款
创业补贴	补贴对象：贫困人口自主兴办的扶贫车间 补贴标准：5000元以内
场所补贴	补贴对象：连续3个月每个月吸纳贫困人口5人以上集中上班的扶贫车间 补贴标准：城镇扶贫车间补贴5元/平方米，乡村扶贫车间补贴3元/平方米
交通、管理补贴	每月补贴300—400元/车间
培训补贴	补贴对象：组织培训的企业 补贴标准：开展扶贫车间员工脱岗培训，补贴100元/人/天 开展扶贫车间员工在岗培训，补贴30元/人/天
工资补贴	补贴对象：扶贫车间和扶贫车间贫困员工 补贴标准：对在扶贫车间就业的贫困人口，财政给予月工资的50%补助，最高不超过300元/人/月 对扶贫车间，财政给予月工资的20%的补助，最高不超过150元/人/月

资料来源：根据赣州市资料整理

三是强化扶贫车间规范提升管理。赣州市出台了《关于建立就业扶贫车间长效管理机制的若干意见》，大力实施扶贫车间规范提升工程，因地制宜、因村施策，在保持车间一定数量和规模的同时，注重带贫效益，对车间进行统一编号、统一标识、统一授牌、统一公示，动态管理。中央巡视整改工作开展以来，全市由于受订单影响等原因不达标而撤销车间309个，最大程度提高了车间的带贫效益。例如**宁都县**严格落实市级政策，着力解决"空挂运转、有名无实"的问题，2019年初以来全面实行就业扶贫项目督导制，将扶贫车间运营及吸纳贫困劳动力稳定就业情况作为督导重点，促进了扶贫车间规范运营和可持续发展。2019年，宁都县共有44个不达标扶贫车间被撤销，虽然其数量有所减少，但是发展质量和运营成效明显提升。

(三)扶贫专岗兜底安置，促进贫困劳动力充分就业

公益性岗位扶贫是贫困地区脱贫攻坚的重要政策工具。赣州市坚持"因事设岗、以岗定人、按需定员、服务扶贫"目标，通过一对一开发就业扶贫公益性岗位、发动结对帮扶干部开展政策宣传，鼓励无法离乡、无业可扶、无力脱贫的"三无"农村贫困劳动力积极应聘。由乡镇或部门（单位）坚持公开、公平、公正原则，根据岗位需求择优录取，建立规范的用工关系，安置3.43万名贫困劳动力就业。对在公益性岗位就业的，给予200—800元/人/月的岗位补贴。2017年以来，共发放公益性岗位补贴3.02亿元。

一是多领域开发公益性岗位。赣州市以"政府主导、社会参与、属地管理、行业牵头"为安置原则，依托乡镇、村开展农村贫困劳动力用人需求调查，掌握贫困劳动力年龄结构、就业意愿、技能状况以及辖区内公益性岗位需求。人社部门与相关部门共同开发了乡村公路养护、农村保洁、水库安全管理、生态监督、农家书屋管理等20多个类别的公益性岗位。例如，**于都县**2016年以来先后开发了乡村公路养护员、农村卫生保洁员、山塘水库护理员、生态护林员、农家书屋管理员、村劳动力保障协管员等公共服务类就业扶贫专岗3914个，对全县"零就业"贫困家庭和贫困家庭

中的弱劳力、半劳力实施就业援助，让每个有劳动能力和就业愿望的贫困家庭至少有一人实现就业，有稳定、可持续的收入来源。

二是"四个聚焦"抓好公益性岗位管理。赣州市人社部门出台管理办法，对招聘对象范围、招聘程序、日常管理、补贴资金申拨等各环节进行统一规范；县（市、区）人社部门和村（居）委会负责建立安置台账，动态掌握岗位新增、清退情况。赣州市采用崇义县"四个聚焦"抓好公益性岗位管理模式，通过聚焦岗位、管理、补贴和监管四个方面，实行包干责任制和集中统一调度制相结合的网格化管理模式。将扶贫与扶志、扶智相结合，公益性岗位人员现身说法，激发贫困劳动力的内生动力，实现贫困家庭增收。例如，针对巡视发现的"个别地方公益性岗位轮流坐庄、变相发钱"的共性问题，**兴国县**就业局积极开展问题自查，组织人员对全县申报补贴的就业扶贫公益性岗位人员情况进行了全面核查，对核查发现的存在"冒名顶替"、不在岗或者已享受外出务工交通补贴等情况的 2017 名申报补贴对象进行了剔除，并坚决取消其补贴资格。

三、安居扶贫：全方位织牢安全住房防护网

住房是农民安身之本，改善和提高居住水平是广大农村居民的迫切期望。这些隐藏在农民生活中的"拦路虎"让赣州市扶贫开发人在工作中备感压力，但使命感、责任感不允许扶贫开发人退缩与松懈，他们保持和发扬永不懈怠的精神状态和一往无前的奋斗姿态，攻克一个又一个雄关险隘。在落实住房保障上，赣州市结合统筹城乡一体化发展，科学

合理制定规划，大力实施安居扶贫工程，并在创造就业机会、帮助发展生产、提供公共服务等方面加大后续扶持力度，确保农户住房安全问题。通过危房改造和易地搬迁解决农户自有住房安全问题，同时对搬迁安置点配套建设基础设施，落实后续帮扶措施，解决农户的后顾之忧；为解决无劳动能力、无经济能力的特困群体的住房难题，赣州市在全国率先提出并实施农村保障房建设，通过"交钥匙"的方式建设一批产权归集体、特困群体有使用权的住房，兜底解决特困群体住房安全隐患；在整村推进时发现子女住安全房、老人住老房现象，赣州市委市政府通过发扬苏区干部好作风，对老人子女采取多元措施进行引导，改善老人住房条件。

(一)危房改造：土坯房旧貌换新颜

赣州是全国著名的革命老区，为中国革命作出了重大贡献和巨大牺牲，战争留下的创伤对赣州发展影响深远；在新中国建设时期，赣州为国家输出了大量资源，同时交通、能源等基础设施建设滞后。"十一五"时期，赣州市农村土坯房随处可见，农户住房存在较大隐患。农村危房改造是党和政府为加快城乡一体化进程作出的一项重大决策，是改善民生、推进社会主义新农村建设的重要举措，也是保持社会稳定、密切党群关系的民生工程和检验干部队伍工作作风的勤政廉政工程。在推进危房改造工作时，赣州市合理界定危房改造实施范围、补助对象及补助标准，确保工作有序顺利进行。通过实施危房改造工作，有效改善了农村贫困群众居住条件，其生命财产安全得到保障，实现了农民群众祖祖辈辈的安居梦想，让广大农民群众分享改革开放的伟大成果。赣州市借着

《若干意见》的指示精神，准确把握方向与节奏，积极支持农村土坯房改造，实施了历史上最大的农房改造工程。从 2012 年到 2014 年共完成农村危旧土坯房改造 69.52 万户，其中 2012 年改造 10.68 万户、2013 年改造 30 万户、2014 年改造 28.84 万户。近 300 万农民告别了透风漏雨的危旧土坯房，红军和烈士遗属及后代全部住上新房，受益贫困户 8.69 万户，惠及贫困人口 30 多万。土坯房改造解决了农村大部分人的住房问题，不仅包括贫困户，还包括非贫困户，同时提升了党和政府的公信力，增强了群众对党和政府的信任度，党群、干群关系更加紧密。2015—2017 年，赣州市共完成危房改造 8.66 万户，其中完成农村保障房建设 1.73 万户。2018 年实施农村"四类对象"危房改造 7762 户，为脱贫攻坚打下了坚实的基础。推进农村危房改造工作事关农民群众的现实利益，是解决农民群众特别是困难农民群众实际问题的重要民生工程，也是贯彻落实《若干意见》的最现实体现。为进一步提高农村居民的生活居住质量，赣州市大力推行危房改造，同时积极设计和建造了一批带有传统客家元素和符号的民居，以便更好地传承和发扬赣南传统的建筑特色文化。

(二)易地搬迁：三级梯度安置并同步开展后续帮扶措施

易地扶贫搬迁是我国"十三五"时期脱贫攻坚的重要举措，通过人口的空间转移解决一方水土养不活一方人的发展困境，打破贫困陷阱，实现农户脱贫致富及生态环境保护。赣南地处山区，易地扶贫搬迁工作是赣州市脱贫攻坚的重点。赣州市委市政府高度重视，把易地扶贫搬迁工作作为造福子孙后代的重要民生工程、精准扶贫十大项目之一推动和实施，坚持以"搬得出、稳得住、能致富"为目标，紧紧围绕搬迁群众最关

图片 5-1　瑞金市叶坪乡禾仓村华屋危房改造前后对比

心、最直接、最现实的利益问题。对地理位置偏远、生产生活条件恶劣和就地脱贫难度大、成本高的贫困对象，以进城进园、乡镇、中心村三级梯度安置的方式扎实推进移民搬迁扶贫。加大对易地扶贫搬迁建档立卡贫困人口的后续扶持力度，彻底"挪穷窝"。

1. 坚持精准务实，细致谋划搬迁

赣州市遵循"搬迁是手段、脱贫是目的"的根本要求，不断增强精准搬迁、精准脱贫的责任感和使命感，拿出"绣花"一样的精细劲，直面搬迁各类问题，较真碰硬，把精准贯穿于扶贫搬迁全过程，严格控制分散安置和统规自建，牢牢守住搬迁"四线"。坚持做到"挪穷窝、换穷貌、改穷业、拔穷根"并举，安居与乐业同步。实行进县城、进工业园区和进乡镇安置为主，进中心村安置为辅的三级梯度安置，依托搬迁后安置地区较为完备的基础设施和公共服务体系、充满前景的产业就业市场，让搬迁群众在发展产业、就业、就医、就学等方面无后顾之忧，从根本上满足搬迁群众的生产生活条件，使他们从面朝黄土背朝天的小农户向新市民转变，稳步实现高质量搬迁。立足贫困户实际需求，设计不同户型，合理确定建设标准，杜绝搬迁群众因搬迁而举债、因搬迁而无收入来源，难以实现稳定脱贫。如**于都县**为了让易地扶贫搬迁项目实现群众利益最大化，按照"扶贫开发、产业振兴、城镇发展"三位一体建设理念，在摸准群众意愿的基础上，结合于都县当地特点，采取县城工业园、中心镇、中心村三级梯度安置模式，有效地兼顾群众意愿、城镇规划、企业用工、后续发展等各方面需要。又如**寻乌县**在房建及市政配套设施工程中，采取EPC模式即设计、施工总承包模式，房建和基础设施统一由省建工集团总承包建设，设计、预算、招投标、施工同步推进，极大地缩短了建设周期；同时安排专人蹲点协调施工中遇到的相关问题，对项目进行管理、督促，确保施工安全、保障项目质量，如期完成安置点建设。

2. 多元化开展后续帮扶措施

赣州市委市政府持续发扬敢打敢拼的硬作风、好作风，落实各项后续帮扶措施，真正让搬迁群众住得更安心、过得更舒心。对移民搬迁对象逐户逐人建立帮扶台账，做到就业有场所可看、产业有基地可查、创业有平台可访，做到帮扶搬迁户到人的收入来源有记载、务工岗位有考勤、扶持政策有佐证、帮扶资金有凭证，搬迁安置一户、帮扶政策落实一户、稳定脱贫一户，逐步使搬迁贫困户走上脱贫致富的康庄大道。根据安置点类别、安置规模、区域条件等不同情况，有侧重地分类推进转移就业、扶贫车间、公益性岗位、"微田园"、产业发展、创业支持等后续帮扶措施。截至2019年年底，赣州市已建立后续扶持台账17795户、73918人（表5-7），鼓励搬迁群众发扬自力更生、艰苦奋斗的精神，克服"等、靠、要"思想，用自己的双手勤劳脱贫致富，创建美好幸福的生活。赣州市委市政府进一步压实驻村工作队和第一书记责任，落实"一对一"干部结对帮扶，做实做细搬迁贫困户的帮扶工作。鼓励创新帮扶模式，安排安置点社区组织或社区干部就地就近帮扶，防止出现搬迁贫困户"两不管"现象。如**于都县**强化结对帮扶工作力量，对所有搬迁建档立卡贫困户明确1512名结对帮扶干部，又明确本地包组干部同步结对帮扶，切实做到帮扶双覆盖、责任双压实。

表 5-7　赣州市后续扶持台账一览表

后续帮扶措施类别	户数	人数	占扶持总人数比重
自主创业	640	1390	1.88%
发展产业	5616	17391	23.53%
就业务工	15552	30619	41.42%
扶贫车间就业	764	1744	2.36%
产业基地就业	637	1231	1.67%
转移就业	12469	25153	34.03%
公益性岗位就业	1682	2491	3.36%
资产性收益分红	3706	13832	18.71%
政策兜底	6360	18065	24.44%

注：在后续帮扶措施里，有的家庭既发展了产业又享受了公益性岗位，部分数据存在交叉。

数据来源：赣州市精准扶贫攻坚战领导小组办公室

3. 提升集中安置点社区管理服务

在赣州市推进移民搬迁过程中，进城进园安置点设置"移民社区服务中心"，配备3—5名专(兼)职管理人员；乡镇安置点设置"社区移民服务站"，抽调2—3名乡镇政府或居委会干部专(兼)任管理人员；中心村安置点由于较小，设置"移民服务工作岗"。在管理模式上实行"城市社区化管理、精致小区化服务",配建幼儿园、小学、医疗所、银行网点、超市等社区便民公共服务设施,为群众就学、就医等方面提供便捷化服务,使移民搬迁社区各项工作逐步走上良性轨道,形成规范的长效管理机制。截至2019年年底,共建立移民社区服务中心260个,有27个社区建立党组织,落实社区管理人员956人,完善社区功能配套建设,建立与有关部门的工作对接,提供结对帮扶、产业、就业、医疗、教育、保障等信息发布、政策咨询服务,积极开展各类精神文明教育活动,引导搬迁群众培养良好习惯,尽快融入新的社区生活。如**石城县**进一步加强和规范易地扶贫搬迁,铜锣湾综合小区后续管理服务有序进行、居民安居乐业,坚持依法治理与群众自治相结合,以社会化服务为主、政府购买服务为辅,突出完善机制、创新管理重点,建立完善小区社会管理、公共服务以及社会保障等,切实解决移民户的后顾之忧,全力打造幸福宜居综合小区。

(三)农村保障房:兜底解决特困群体住房安全隐患

在逐步推进农村安居扶贫工作中,赣州市为有效解决特困农户基本住房安全问题,实现精准扶贫"两不愁、三保障"目标,于2016年6月在全国率先提出并实施农村保障房建设,将保障房由城镇延伸至农村,通过"交钥匙"的方式,由政府出资就地、新近统一建设一批产权共有的经济适用农村保障房,贫困户直接拎包入住,兜底解决特困群体住房安全隐患。两年来,赣州市共完成17371户农村保障房建设(2016年8661户,2017年8710户),安置对象顺利搬迁入住,进一步改善了特困群众的生产生活条件,促进了农村社会的和谐稳定。农村保障房与危房改造及易地搬迁既有联系又有区别,将危房改造的新建方式与易地搬迁的集中、分散安置方式相结合，建设一批产权归集体、入住农户有使用权的房屋，延伸了住房保障的广度和深度，提升了住房保障的实际实施效果。如**兴国县**牢固树立"早谋划、早实施、早入住"的理念，按照"实事求是、应改尽改"的原则，多措并举、真抓实干，扎实推进农村保障房建设这一重要民生工程，受到江西省、赣州市同时通报表扬，并被省级、市级媒体予以宣传报道，展现了农村保障房建设的"兴国速度"。两年来，兴国县农村保障房建设工作共计实施改造 924 户(2016 年 444 户，2017 年 480 户)，得到了广大群众的充分肯定，让广大群众拥有经济社会发展的获得感和生活的尊严。

(四)老人住老房：多元措施化解老人住房隐患

赣州从革命时期起一直为国家建设发展作出重要贡献，由于地广人多，其农村土坯房存量大。赣州市委市政府在党中央和上级政府的政策支持下，通过实施危房改造、易地搬迁、建农村保障房等一系列措施改善农民住房条件，但"子女住安全房、老人住危旧房"现象时有发生，是制约住房保障的突出短板和顽疾。为从根本上解决老人住老房的难题，赣州市委市政府经过充分调研，结合村情实际，出台了《赣州市农村老人居住危旧房专项整治工作指导意见》，对此现象进行重点整治，坚持分类施策，从而改善老人住房条件。通过引导与子女同住、农户自筹资金改造、政府扶持等方式，解决了 8111 名老人的住房安全问题，提升了脱贫整体成效。在解决老人住老房问题上，赣州市委市政府深入基层调研，结合各县(市、区)各村实际，首先确定对相关对象重点进行摸底排查。将实际摸排情况与居住危旧房老人的家庭成员、社会关系相结合，充分发扬苏区干部好作风，通过干部带头、亲属协助和干部劝导等途径，对老人子女做工作，加大思想教育和宣传引导力度，转变子女将赡养老人义务推给政府的观念，落实子女义务，同时减轻政府财政负担，以如期打赢脱贫攻坚战。

四、阻断代际传递：补齐教育短板促进均衡发展

习近平总书记指出："发展乡村教育，让每个乡村孩子都能接受公平、有质量的教育，阻止贫困现象代际传递，是功在当代、利在千秋的大事。"①赣州市委市政府把教育扶贫作为精准扶贫的优先任务，紧紧围绕上级关于控辍保学的决策部署，不断改进农村教学基础设施，加强师资队伍建设，缩小城乡教育资源差距，让贫困家庭的孩子都能接受公平的有质量的教育；建立健全教育资助体系，确保建档立卡贫困家庭学生享受资助政策全覆盖，实现经济扶助和育人的双重功能；积极完善农村留守儿童关爱措施，新建特殊教育学校，解决兜底保学难题。授人以鱼不如授人以渔，要真正实现贫困户可持续脱贫，必须树立"当前"和"长远"相结合的脱贫思路，不仅要让贫困群众能够"站起来"，还要让贫困群众能够"走得远"。

（一）完善"硬设备"，补齐教育发展短板

我国城乡居民受教育机会不平等，城乡教育资源不对称。教育扶贫是打赢脱贫攻坚战的重要举措，要充分发挥教育在脱贫攻坚中的基础

---

① 《深入学习习近平关于教育的重要论述》，112 页，北京，人民出版社，2019。

性、先导性作用，打破贫困恶性循环的链条。赣州市委市政府集中财力和项目，优先扶持农村薄弱学校建设，开展农村学校改善提升攻坚行动，着力补齐均衡发展最大"短板"，推进教育优质均衡发展。一方面加大农村薄弱学校的改建力度，提高校舍资源利用率，大力实施乡村中小学校舍安全工程、教师安居工程、营养食堂工程，建设环形塑胶田径场等，极大地改善了农村学龄儿童学习生活条件，提升了学校的整体办学水平。另一方面加大教育资金政策向贫困山区、乡村倾斜力度，合理布局教育网点，考察适宜山区新建学校，避免因上学远造成的辍学、安全等风险，使偏远山区的孩子平等地接受教育。同时，赣州市委市政府部署升级教育局域网，构建宽带网络"校校通"，搭建教育城域网和区域教育公共服务平台，构建家校互动的快速通道。不断加大基础设施投入，不断完善"硬设备"，补齐教育发展短板，全面改善贫困地区义务教育薄弱学校的办学条件，促进教育均衡发展。如**石城县**自 2013 年以来，全面开展农村义务教育薄弱学校改造、农村中小学校舍安全工程、农村义务教育薄弱学校营养食堂工程以及农村教师安居工程，全县累计投入项目资金达 3.8877 亿元，教育基础设施新增面积 429897 平方米，尤其在农村义务教育薄弱学校改造上效果显著。

(二)壮大"软实力"，提升学校教学水平

教育存在与发展的首要前提是要有一支数量充足、结构合理、素质优良的教育者队伍，如同心理学中的"罗森塔尔效应"，处于教师积极情感和深切期望之中的学生才能够实现更好的发展。教师育人功能的发挥，学生健康成长的实现，教育精准扶贫的落实，全然离不开教师对学生在课堂、

项目	投入资金（亿元）	改建数量（所、个）	新增面积（平方米）
薄弱学校改造	2.3516	188	309700
校舍安全工程	0.8597	60	71641
营养食堂工程	0.4452	108	31539
教师安居工程	0.2312	80	17017

资料来源：石城县教科体局教育扶贫资料

图 5-3　石城县教育基础设施改造实施情况

家庭和社会生活等方面的情感体认与人文关怀。因此在教育扶贫中，要充分发挥加强高素质教师队伍建设所具有的基础性、全局性的重要战略意义，必须以更高的政治自觉与更加有力的政策措施确保教师队伍建设优先发展。赣州市委市政府结合实际情况，按照"教育投入要更多向教师倾斜"的要求多方面激励广大农村教师的工作积极性，不断推行定向培养、定点招聘、交流轮岗、特殊补助等制度，加大农村学校教师队伍建设力度，调优城乡师资配置，促进城乡教育均衡发展。一方面组织乡村教师参加"国培计划"，通过教师网络研修、送教下乡培训和乡村教师访名校等方式支持乡村教师培训，有效提升乡村中小学、幼儿园教师整体素质，使教师进入专业化成长阶段，充分发挥教师育人功能。另一方面争取教育部、省教育厅支持，加大特岗教师招聘力度，进一步改善乡村教师队伍年龄、性别、学科结构；实施"三区人才"专项计划，选派城区优秀教师到艰苦边远地区和革命老区师资力量薄弱的农村学校支教，发扬苏区革命精神，深入贫困最前线，着力解决幼儿园教师不足和音乐、体育、美术、外语教师短缺等问题，进一步加强贫困地区师资队伍建设，缩小城乡教育差距。

(三)健全资助体系，实现教育内涵式发展

建立健全教育资助体系是国务院总揽全局、高瞻远瞩，根据新形

势、新任务要求及时作出的一项造福当代、惠及子孙、影响深远的重大决策。赣州市委市政府积极探索政府、社会和学校"三位一体"的资助体系模式，根据建档立卡贫困人口数据信息，建设学龄人口就学和资助状况数据信息系统，加强动态跟踪，充分利用国家资助政策和地方配套政策，结合社会资助及财政资助，构建完善覆盖学前教育、义务教育、高中教育和大学教育的学生资助体系，保障各教育阶段从入学到毕业全程全部资助，不让一个学生因家庭困难而失学。除此之外，赣州市委市政府致力于扶贫先扶志，发挥教育激发贫困群众内生动力的作用，对建档立卡学龄后人口提供适应就业创业需求的职业技能培训，确保每个人都有机会通过培训实现家庭脱贫。脱贫攻坚以来，在赣州市委市政府的城乡义务教育均衡发展政策和各级各类资助体系的推动下，制约贫困地区教育发展的经济条件得到较大程度的改善，尤其是针对建档立卡贫困家庭及学生而实施的兜底资助政策，很大程度上缓解了贫困地区学龄儿童的教育需求与支付能力之间的矛盾。许多贫困家庭的子女通过努力提高受教育水平，获得更高的人力资本和社会资本积累，实现教育内涵式发展。

(四)探索特殊教育方式，实现教育兜底保学

发展特殊教育是推进教育公平、实现教育现代化的重要内容，是坚持以人为本的理念、弘扬人道主义精神的重要举措。赣州市委市政府采取多种措施扶持特殊教育，提高残疾少年儿童义务教育普及水平，非义务教育阶段特殊教育办学规模也在同步扩大，基本实现了 30 万人口以上的县(市、区)独立设置一所特殊教育学校的目标，帮助残疾人全面发

展和更好融入社会，使广大残疾人共享改革发展成果，在全面建成小康社会、实现"两个一百年"奋斗目标和中国梦的进程中拥有幸福人生。为让特殊困境家庭子女平等、有尊严地接受教育，杜绝家庭经济困难儿童因贫辍学现象，赣州市委市政府合理规划新建特殊教育学校，采取以财政预算为主、教育慈善基金和教育部门自筹相结合的办法筹措资金，在落实现有国家资助政策的基础上，对孤儿、五保户、学生本人残疾或父母双方残疾且无劳动能力、超过承受能力的重大疾病家庭子女以及建档立卡贫困户中纯低保户的学生五类人员实施义务教育阶段特殊困境儿童兜底保学计划，帮助贫困家庭子女解决校服、教辅资料、作业本、平安保险等基本的代收费和服务性收费。按照"一人一案"的要求，针对建档立卡的未入学适龄残疾少年儿童，采用多种形式安排其接受义务教育。并引导不同类型残疾少年儿童分类入学，例如适龄轻度残疾少年儿童到普通学校随班就读，为适龄残疾少年儿童平等接受义务教育创造条件。

五、健康扶贫：多措并举解决医疗"顽疾"

党的十九大报告中明确指出："人民健康是民族昌盛和国家富强的重要标志。"赣州市委市政府始终把脱贫攻坚作为头等大事和第一民生工程，将其放在最优先位置，聚焦贫困群体，紧紧围绕让贫困地区农村贫困人口"看得起病、看得好病、看得上病、少生病"，大力实施医疗保障精准扶贫工作，建立健全基本医疗保险、补充保险和医疗救助等多层次医疗保障体系，推进医疗保障等精准扶贫工作，实现了城乡贫困人员应保尽保，因病致贫返贫现象得到有力缓解。为贫困人口提供便捷高效的医疗保障服务全面提升了赣南贫困群众的获得感、幸福感，为努力建设健康赣州艰苦奋进，为全面决胜脱贫攻坚战奠定了坚实基础。

(一)确保政策实施，完善医疗保障体系

要有效化解因病致贫返贫，就必须切实减轻农村贫困人口医疗费用负担，将提高医疗保障水平和控制医疗费用相结合。赣州市委市政府为全面提高贫困人口医疗保障水平，立足现有医疗保障制度，在推进脱贫攻坚中找准贫困群众"看病难、看病贵"的病根，对症下药，率先由市、县级财政共同出资为城乡贫困人口购买疾病医疗商业补充保险，在基本医疗保险、大病保险、医疗救助"三道医疗保障线"之外构建了"第四道医疗保障线"(图 5-4)。并提高住院病人报销比例、降低起付线、提高封顶线；同时在控制医疗费用方面，贫困人口住院时在赣州市范围内享受"先诊疗、后付费"服务，出院时享受"医保一卡通即时结算"服务，实行"医保目录外 5％费用减免"和"三免四减半"政策以及扶贫病床制度，加快医保支付方式改革，织密医疗兜底保障网，让贫困人口"看得起病"。

(二)强化基层基础，提高基本医疗服务能力

2014 年 12 月，习近平总书记在江苏调研时指出："没有全民健康，就没有全面小康。医疗卫生服务直接关系人民身体健康。要推动医疗卫生工作重心下移、医疗卫生资源下沉，推动城乡基本公共服务均等化，为群众提供安全有效方便价廉的公共卫生和基本医疗服务，真正解决好

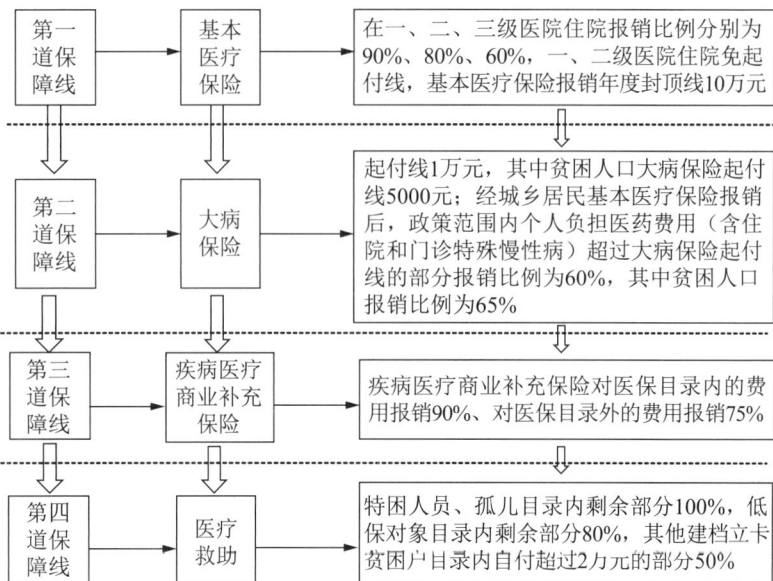

资料来源：根据赣州市资料整理

图 5-4 赣州市"四道医疗保障线"报销政策

基层群众看病难、看病贵问题。"①赣州市委市政府根据全国卫生健康工

作会议提出的"进一步完善基层医疗卫生服务能力建设长效机制"的要求，

在各贫困县（市、区）卫生健康服务体系薄弱、医疗机构和人才队伍存在短

板的情况下，全面改善贫困地区医疗卫生服务条件，不断加强基础设施建

设。通过基础医疗设施标准化、医疗建设信息化等途径，切实提高农村居

民享有的医疗资源配置；充实学科人才队伍，通过开展乡村医生规范化培

训和定向医学生免费培养工作、创新人才引进模式和激励机制、落实乡村

医生多渠道补偿政策等措施，提升医疗服务水平；推进对口帮扶机制，实

---

① 《习近平关于社会主义社会建设论述摘编》，99 页，北京，中央文献出版社，2017。

现结对帮扶由"输血型"向"造血型"转变，形成基层首诊、分级医疗、上下联动的医疗服务新格局。让贫困人口实现"常见病、多发病不出乡镇""看小病不出村"，逐步达到人人享有基本医疗卫生服务的目标。

（三）优化病种分类，推进高效重点救治

疾病救治是减轻农村贫困人口医疗压力和负担的最直接方式，因此要围绕因病致贫家庭的贫困类型、家庭收入、劳动力、病种分布等情况建立详细、完整的健康档案，对大病、慢性病、危急重症、地方病、传染病等开展分类救治。赣州市通过创新建立病种遴选、经费保障、按病种付费、招标采购、质量保障五项机制，先后对白内障、儿童唇腭裂等 10 种大病实行免费救治。按照"三个一批"要求，利用县、乡、村三级医疗卫生资源，按照疾病患者、高危人群和一般人群对贫困人口实行分类健康干预。在医疗保障扶贫的过程中，较为关注困扰贫困户的慢性病的诊疗。为此积极推动慢性病管理工作，同时深化家庭医生签约服务，跟踪保障贫困人口的健康状况。市、县、乡级医务人员组成的家庭医生签约服务团队进村入户，为贫困人口提供体检、随访、健康宣教等履约服务，重点加强高血压、糖尿病、结核病、严重精神障碍等贫困患者的健康管理与服务。充分认识救助贫困妇女儿童的重要意义，广泛开展妇幼健康体检项目、普及疾病防治知识，建立健全贫困妇女儿童医疗保障体系，最大程度去关爱、帮助贫困妇女儿童，解决好弱势群体因病致贫返贫问题。

（四）创新服务举措，实现受助人群全覆盖

赣州市在现有医疗服务基础上，不断创新健康扶贫保障制度。如石

城县为防止非贫困人口因病致贫返贫，率先将疾病医疗商业补充保险推广到非贫困人口，出台《石城县城乡居民非贫困人口大病医疗补充保险实施方案(试行)》，并落实非贫困人口保障政策，优化报销方案，从根本上解决农户看病贵的问题，均衡贫困人口与非贫困人口医疗保障水平，有效提升了非贫困人口医疗保障待遇，降低了贫困人口与非贫困人口医疗保障待遇"悬崖效应"，实现了保障福利的整体提升。又如**上犹县**于2018年由县财政筹资1000万元，开展城乡困难群众"暖心基金"工程，对因病住院发生高额医疗费用的城乡贫困边缘户进行再次补偿。"暖心基金"的设立缓解了群众看病资金周转难的问题，有效阻断了因病致贫返贫的通道，减轻了争评低保户、贫困户的压力，进一步为低收入群众织牢了卫生保健网，提高了群众满意度，有效避免了因病致贫返贫现象的发生。

六、生态减贫模式：水土保持与农林复合经营

生态扶贫是在一个战场进行生态建设与扶贫攻坚两场战役，是"双赢"之策。2018年1月，国家发展和改革委员会、国家林业局、财政部等部门联合发布《生态扶贫工作方案》，指出要充分发挥生态保护在精准扶贫中的作用，推动脱贫致富与可持续发展相互促进。2015年3月，在十二届全国人大三次会议上，习近平总书记在参加江西代表团审议时说，环境就是民生，青山就是美丽，蓝天也是幸福。要像保护眼睛一样保护生态环境，像对待生命一样对待生态环境。按照习近平总书记重要

指示，江西省大力推进生态文明试验区建设，努力走出一条经济发展和生态文明水平提高相辅相成、相得益彰的新路。自《若干意见》实施以来，赣州市坚持在保护中发展、在发展中保护，扎实推进生态文明建设，着力推进生态扶贫。坚持扶贫开发与生态保护并重，通过实施重大生态工程建设、加大生态补偿力度、大力发展生态产业、创新生态扶贫模式，提高贫困地区生态保护和修复力度，实现生态改善和脱贫双赢。

（一）"双业"渗透式生态扶贫实践的上犹模式

"八山一水半分田，半分道路和庄园"是上犹地形地貌的生动写照，境内山清水秀、风光旖旎，全县森林覆盖率高达81.4%，是国家重点生态功能区，先后荣获"全国生态保护与建设示范区""全国生态文明示范工程试点县""全省生态扶贫试验区""中国生态旅游大县"称号。作为全省生态扶贫试点县，上犹充分发挥生态优势，积极探索生态扶贫新路子，初步形成了一套通过加大生态保护力度提升生态环境质量、吸引优质生态项目落地、促进地方经济发展、助推脱贫攻坚的生态扶贫上犹模式。**一是推进生态保护治理，铸就绿色发展"聚宝盆"。**通过实施森林质量提升项目、流域综合治理项目、山水林田湖草综合治理项目等生态保护项目，有效改善生态环境和群众生产生活条件。**二是协调发展生态产业，打造脱贫致富"新引擎"。**坚持产品品牌化、生产标准化、基地景区化的发展思路，持之以恒发展"两茶一苗"（茶叶、油茶、珍贵花卉苗木）农业主导产业，扎实推进省级现代农业示范园区建设，不断壮大庄园经济，带动贫困群众增产增收。紧扣"生态休闲旅游度假区"功能定位，发挥上犹自然山水、田园风光、特色农业、客家古村民居、民俗风情等乡村旅游资源优势,深入践行"旅游＋"发展战略,发展了园村等一批旅游扶贫示范村(点),构建了核心项目引领、示范乡(镇)支撑、示范村(点)带动的旅游扶贫体系。**三是开发生态就业岗位,端上就业增收"金饭碗"。**设立生态扶贫就业专岗,实现生态文明建设触角向村组延伸。在推行河(湖)长制工作过程中,聘请了14名"民间河长"、31名河湖管护社会监督员,以及21名水库安全管理员、175名堤防安全管理员,使水生态保护与脱贫攻坚共融共赢。

(二)上犹县水土保持减贫摆脱"生态贫困"

长期贫困与生态脆弱同在,经济贫困化与生态环境恶化是困扰许多贫困地区的两大难题。如何破解因水土流失造成生态环境恶化和因生态环境恶化造成长期贫困的双重压力,做到既发展经济又不对生态环境造成破坏,以搞好水土保持行业扶贫推进全局性的精准扶贫,打破"越穷越垦越流失、越流失越垦越穷"的怪圈,实现脱贫减贫与生态环境保护"双赢",成为贫困地区实现可持续发展的一个重要课题。上犹县位于赣州市西部,山水资源是上犹县最突出的优势资源,也是其生态系统中最敏感、最脆弱的因素,水土流失严重是造成上犹县生态贫困的重要原因。上犹县从治理水土流失、改善整体生态环境入手,围绕人与自然和谐共生、实现乡村绿色发展的减贫理念,探索实践出四种水土保持减贫模式,有效实现环境优化、经济发展、生态改善、农民增收的"四赢"局面,并出台一系列规范性文件和指导性意见,为水土保持减贫工作的开展提供政策保障。由上犹县水土保持局采取以奖代补方式,承担整个水土保持减贫工作的组织实施,并建立了政府主导、水保搭台、部门协作、全社会参与的水土保持减贫工作机制，吸纳自愿参与水土流失综合治理的农户(包括贫困群众)、村组集体组织、农民专业合作组织、各类农业专业协会、"两茶一苗"开发企业及大户、其他现代农业开发企业等主体积极参与水土保持减贫项目。最终形成以打造生态清洁小流域助力人居环境改善的减贫模式、以有效保护水土资源助力生态产业发展的减贫模式、以水土保持项目为载体助力贫困人口增收的减贫模式、以秉承水保工程景观化理念助力乡村生态旅游的减贫模式四种水土保持减贫模式的成熟经验，希望能够对水土流失严重区或者生态环境脆弱区开展水土保持减贫工作有所启发。

(三)"林业＋"扶贫助力贫困户脱贫增收

林业扶贫是改善贫困地区生态状况、提高人们生产生活水平的优先选择。林业作为一项公益性事业和基础性产业，在生态扶贫中不仅发挥了生态效应，也体现出较强的经济效应和社会效应。林业由于具有维护森林生态环境与促进林业产业发展的双重功能，天然具备生态性和产业性两大属性特征。开展林业生态扶贫，是赣州市走绿色发展之路、实现绿色减贫的优先选择。"十三五"以来，赣州市林业局深入贯彻习近平总书记扶贫开发战略思想和市委市政府脱贫攻坚决策部署，发挥林业资源优势，扎实推动林业生态扶贫项目实施。**一是稳步推进林业产业扶贫**。加大油茶产业扶贫政策宣传和技术培训力度，充分激发贫困户发展油茶产业的积极性。**二是切实抓好生态保护扶贫**。在争取实施国家天然林保护工程中，将贫困乡(镇)天然起源林分优先纳入国家天然林保护工程范畴，开展选聘生态护林员工作，落实生态护林员惠民政策，实现了林业生态保护和脱贫攻坚工作的双赢。

七、民政兜底扶贫：运维保障贫困群众的"坚实盾牌"

为全面贯彻落实习近平总书记"聚焦脱贫攻坚，聚焦特殊群体，聚焦群众关切"重要指示精神，解决"两不愁、三保障"突出问题，赣州市委市政府围绕保障和改善民生，坚持精准扶贫精准脱贫基本方略，不断完善政策、健全机制、规范管理、精准施策，进一步加强社会救助政策与脱贫攻坚政策有效衔接，完善农村低保、特困人员救助供养、临时救助等保障性扶贫措施，充分发挥兜底保障在打赢脱贫攻坚战中的重要地位和作用，抓紧政策补齐短板，切实加大财政投入，不断提高兜底能力和兜底水平，全面推进民政兜底保障工作向纵深发展。赣州市委市政府为织牢社会救助安全网，不断完善民政兜底政策体系，健全农村低保制度，精准对象识别、开展专项整治，实现农村低保和扶贫开发有效衔接；落实特困人员供养制度，稳步提升老人、儿童、残疾人的保障水平；加大临时救助力度，不断提高保障标准和补差水平，及时将符合条件的农村困难群众纳入农村低保和特困人员救助供养，实现"应保尽保"。

(一)完善农村低保制度，提高兜底保障能力

赣州市委市政府按照"兜底线、织密网、建机制"的总体要求，高度重视、全面部署，完善政策、综合施策，逐步建立起以农村居民最低生活保障和特困供养为主体，以临时救助、医疗救助、教育救助、住房救

助、就业救助、受灾人员救助为辅助，以社会力量参与为补充的全方位、多层次、广覆盖的城乡社会救助体系，切实发挥了社会救助在打赢脱贫攻坚战中的兜底保障作用，为赣州市实现整体脱贫作出了重要贡献。赣州市民政部门充分发挥农村最低生活保障的作用，健全农村低保对象精准识别，不断提升保障标准；加强农村低保动态管理，深入专项整治；推进农村低保制度与扶贫开发政策有效衔接，对于有发展能力的采取开发性扶贫措施，对于完全或部分丧失劳动能力的则采取兜底保障措施，确保农村困难群众一个不落地同步迈入小康。

一是健全农村低保对象识别，提升保障标准。农村最低生活保障制度是对家庭年人均纯收入低于最低生活保障标准的全部农村贫困人口按最低生活保障标准进行差额救助的制度。农村低保工作以家庭年人均纯收入低于最低生活保障标准的全部农村贫困人口为对象，主要由于因病残、年老体弱、丧失劳动能力以及生存条件恶劣等原因造成常年困难的农村贫困人口。农村低保的目标是维持贫困人口的最低生活水平，保障贫困群众的基本生活权利，实现社会公平正义，促进农村经济社会协调发展。2019 年赣州市农村低保标准为 385 元/月/人，平均补差水平为 285 元/月/人。对建档立卡贫困户中的兜底保障对象建立了低保渐退机制，对低保常补对象、重度残疾人家庭、重病患者家庭增发了一个月低保金。健全县级困难群众生活保障工作协调机制并发挥好其作用，不使一名困难群众"漏救"。完善低保制度，健全低保对象认定办法，根据国家扶贫标准科学确定并动态调整农村低保标准。**二是加强农村低保动态管理，实现公平公正。**为整治"人情保""关系保""错保"等乱象，深入开展农村低保专项整治行动，全面核实保障对象基础信息资料，加大数据比对力度，规范居民家庭经济状况核对工作，规范社会救助申请审核审批程序，查处兜底保障工作中的腐败问题，采取渐退制的办法对过度保障现象进行清理。坚持实事求是原则，及时制止人为抬高指标、层层加压的"虚假衔接"，不再单一强调衔接率，坚决按照"应保尽保、应退尽退"原则实施兜底保障，力纠低保偏差，力促低保精确，切实发挥兜底保障脱贫功能。提升了农村低保规范化管理水平，进一步摸清了低保办理症结所在，为切实发挥农村低保在打赢脱贫攻坚战中的兜底保障作用奠定了坚实基础。**三是推进两项制度有效衔接，落实应保尽保。**两项制度有效衔接是打赢脱贫攻坚战的重要保障，是贫困人口早日脱贫的现实需要，也是完善农村低保制度的重要契机。赣州市委市政府提出要强化农村低保标准与扶贫标准的统筹协调，加大农村低保对象与扶贫对象的衔接力度，提升其他社会救助与精准扶贫的衔接成效，健全农村低保与扶贫工作机制的衔接体系，实现农村低保制度和扶贫开发政策对农村贫困人口的全面覆盖。

(二)健全特困人员救助供养制度，实现分类施策全覆盖

赣州市委市政府进一步健全特困人员救助供养制度，地方各级政府及时出台了健全特困人员救助供养制度的实施细则，开展了城乡特困人员识别认定和救助供养工作，将原农村五保供养对象、城市"三无"人员统一纳入特困人员救助供养，落实基本生活标准和照料护理标准，加大供养机构改造提升力度，为失能半失能特困人员提供护理服务。截至2018年年底，赣州市农村特困人员集中供养标准提高到455元/月/人，分散供养标准提高到350元/月/人。

一是完善特困老人供养机构设施建设。"三留守"人群居多是当前农村地区普遍现象。农村老人作为弱劳动能力者或者无劳动能力者，依附于自身劳动或家庭供给而生存。但在快速城镇化的环境中，年轻劳动力外出务工，家庭为老人提供的经济支持和生活照料有限，农村老人容易成为后扶贫时代的易贫群体。赣州市重视失能半失能老人生活照料问题，探索建立"社区关照中心"，通过整合、改建、修缮乡镇和社区的幸福院、福利院、文化大院等进行建设，为贫困户和贫困边缘户中生活不能完全自理、需要一定照料的失能半失能老人提供膳食、生活照料、精神慰藉等物质和精神基本服务。同时，鼓励基层医疗服务机构和人员与"社区关照中心"合作，探索医养结合的实践，既能缓解农村老人缺乏照料的困境，又能增加基层医疗服务内容和收入来源。**二是加强困境儿童关爱养护。**赣州市把困境儿童保障工作作为重要的民生工程，形成政府统一领导，民政部门牵头、协调、督促、救助，相关部门配合，落实监护家庭主体责任，一级抓一级、层层抓落实的格局，构筑了从上到下的关爱工作网络。将查找不到亲生父母的儿童纳入孤儿保障渠道；将因家庭遇到严重困难和问题导致"有家难依"、基本生活得不到保障的儿童纳入困境儿童保障范围；将本身有残疾、患重病，因高额治疗费用导致家庭生活困难、基本生活得不到保障的儿童也纳入困境儿童保障范围。**三是提升残疾人脱贫质量。**习近平总书记明确指出："残疾人是一个特殊困难的群体，需要格外关心、格外关注。"[①]没有残疾人的小康，就不是

---

① 《习近平关于全面建成小康社会论述摘编》，142 页，北京，中央文献出版社，2016。

真正意义上的全面小康。通过落实各项政策扶持，健全残疾人社会保障体系和服务体系，加强基础设施建设，推进贫困重度残疾人照料护理，提高残疾人康复服务水平，完善残疾人就业脱贫新模式等渠道，确保了残疾人的生活得到更好的保障。

(三)加大临时救助力度，补齐短板织密网

赣州市全面贯彻落实党的十九大精神，以习近平新时代中国特色社会主义思想为指导，以有效解决城乡群众突发性、紧迫性、临时性基本生活困难为目标，以充分发挥临时救助制度效能为主线，坚持托底、高效、衔接，进一步完善政策措施、健全工作机制、强化责任落实、加强工作保障，加快形成救助及时、标准科学、方式多样、管理规范的临时救助工作格局，筑牢社会救助体系的最后一道防线，切实维护人民群众基本生活权益。

1. 完善临时救助制度体系

临时救助是社会救助体系的重要组成部分，能够有效遏制突发性、紧迫性、临时性基本生活困难致贫返贫，防止发生冲击社会道德和心理底线的极端事件。赣州市委市政府根据《关于进一步加大临时救助力度切实提高兜底保障扶贫质量的通知》等文件，精准救助对象，简化救助审核程序，不断提高临时救助水平。如石城县对临时救助的救助原则、对象认定、申请程序、救助方式等作出明确规定，政策的出台对因突发事件造成临时困难的家庭起到了较好的救急救难的作用，使突遇不测、因病因灾陷入生存困境的群众得到有效救助，提高了农村贫困群众抵御突发风险的能力[13]。

2. 稳步加大临时救助资金投入

赣州市委市政府要健全完善临时救助、特别救助制度，提高农村贫困群众抵御突发风险的能力，缓解农村由于各种原因造成的返贫问题，就要深入贯彻落实国务院有关要求，多方筹集临时救助资金，合理安排和统筹使用困难群众救助补助资金，推动在乡镇（街道）建立临时救助备用金制度，提高救助水平。赣州市 2019 年前三季度临时救助人次与发放资金稳步提升，其中救急难、特别救助、支出型临时救助发放资金均相应增加（图 5-5），有效缓解贫困户因病因残因灾返贫问题。

单位：元

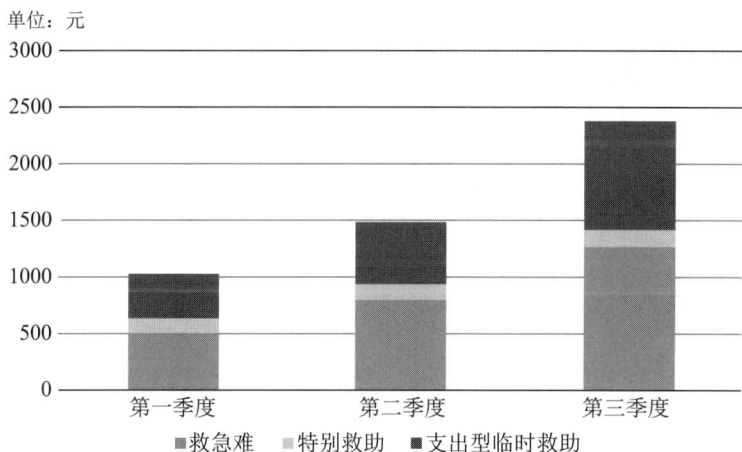

资料来源：赣州市人民政府网

图 5-5 赣州市 2019 年前三季度临时救助发放资金情况

3. 全面开展"救急难"工作

赣州市委市政府全面开展"救急难"工作，不断深化对"救急难"工作的认识，强化"救急难"意识，认真谋划推进"救急难"工作。对突遇不测、因病因灾陷入生存困境的贫困群众及时实施"救急难"。对不符合返贫条件，但因大灾、重病等意外状况导致短期内支出较大，家庭难以承担，容易致贫返贫的农户，实施临时救助。采取民政救助、慈善捐赠和社会力量帮扶等措施解决农户实际困难，帮其渡过难关。将符合低保政策的农户按程序纳入低保对象，实施兜底保障。

八、赣州市扶贫项目整体推进的经验总结

一是多元要素融合的关联性推进。在中国经济新常态推动下，为拉动区域经济发展而催生多元要素融合的整体化推动。赣州市立足于"创新、协调、绿色、开放、共享"的全新理念，从各利益主体、各地域空间管理、各扶贫模块的关联性出发，构建多元要素融合的扶贫项目落实路径。主要是以产业扶贫为核心，市场和政府在其中发挥作用，将产业扶贫与其他扶贫模块通过一定的关系联结起来，各模块相互适应、支撑和促进，从而形成良性互动、整体发展的大格局。此外，赣州市的多元要素融合是根据各扶贫模块的功能差异性和性质而定，如将产业就业与易地扶贫搬迁相连接，从长远角度出发，将搬迁选址在产业园区附近，通过产业园区大量吸纳搬迁人员来解决其后续发展，同时也解决了产业园区招工问题、推动产业发展。

二是绿色减贫模式极大提升地区发展能力。绿色减贫是精准扶贫战略实施以来各地因地制宜发展的主要特点，其模式主要包括易地扶贫搬迁、光伏扶贫、旅游扶贫。赣州市基于其特殊的地理位置，积极发展绿色减贫模式，为经济可持续发展搭建桥梁。赣州市着力解决"一方水土养不起一方人"的贫困问题，在问题区域大力实施易地扶贫搬迁，以解

决贫困地区的资源约束、市场约束等问题。同时在这些地区实施生态修复，如成功实施的山水林田湖草项目、流域治理项目、矿山修复项目等措施。通过生态修复大力发展旅游经济，通过旅游扶贫带动自然生态区贫困群体发展。这一系列措施既保护了生态资源，也促进了区域整体绿色经济发展。此外，赣州市充分利用自然资源，全面覆盖光伏扶贫，既能节约能源，又能促进贫困户个体经济收入增加。

第六章 | 内外能联动，发挥"帮扶作用"

　　赣州市是国家扶贫开发的重点区域，是全国较大的集中连片特困地区之一，是江西省脱贫攻坚的主战场，在全国贫困革命老区中具有典型性和代表性。赣州市在经济社会发展中得到党中央特殊支持与关爱，习近平总书记先后9次对赣南工作作出批示，39个国家部委对口帮扶赣南脱贫攻坚工作。同时，赣州市以扶贫攻坚统领社会发展的总体经济脉搏，从上至下承接中央、江西省、赣州市的发展规划逻辑，为区域经济的全面奋进提供崭新起点。在政策、资金投入、人才支持、项目实施等各个方面，赣州市借助外部帮扶力量，结合自身努力，实现老区经济社会飞速发展、产业结构转型升级和生态环境综合治理等成效。

一、政策帮扶：多元扶贫举措助推精准脱贫

政策帮扶是我国精准扶贫的一大亮点，合理的帮扶是贫困地区经济社会发展的点睛之笔。赣州市作为集中连片特困区的区域之一，享受诸多政策帮扶。在国家层面和省级层面帮扶的基础上，赣州市创新内化，形成一套自有的市级层面帮扶措施，从而有序合理开展扶贫工作。

（一）国家层面的帮扶政策

赣州市紧抓历史机遇，开启脱贫攻坚新征程，积极贯彻落实《若干意见》和《罗霄山片区区域发展与扶贫攻坚规划（2011—2020 年）》，强化对接，争取中央支持。《若干意见》明确了赣州作为全国革命老区扶贫攻坚示范区的战略定位，明确赣州能够享受与西部大开发同等政策。中央各部委也针对赣州资金、审批进程和人才支持等方面相继出台相关意见和帮扶政策，以促进赣南苏区转型发展。此外，为使赣州市充分享受国家扶贫新政策支持，罗霄山片区区域发展与扶贫攻坚规划将赣州 11 县（市、区）划归该片区扶贫攻坚范围。

（二）省级层面的政策措施

为保证扶贫政策精准落实，江西省委省政府对赣南等原中央苏区实行"四个一"组合式扶贫政策，大力支持老区扶贫工作。所谓"四个一"组合式扶贫政策是指：省级领导定点联系一个县（市、区）进行扶贫工作指导；对目标县（市、区）安排一个综合实力较强的省直部门对接搞扶贫；

对目标县选派一个具有发展潜力的国有控股企业配合开展扶贫；省财政预算连续十年每年安排 3.6 亿元专项扶贫资金，并统筹各项扶贫资金，集中支持每个县(市、区)每年 1000 万元。

(三)市级层面的政策措施

赣州市各级政府深入学习贯彻习近平总书记关于扶贫工作的重要论述，始终把脱贫攻坚作为重大政治任务，强化政治担当、责任担当和行动自觉，扎实稳步推进脱贫攻坚责任落实、政策落实、工作落实。在干部扶贫工作方面，落实干部教育培训，分层、分级抓好各级扶贫干部的政策业务培训；落实"三个小组长"工作措施，提高基层管理能力。在扶贫治理方面，产业就业上立足资源禀赋和发展基础，落实各项机制，推广特色做法，提高农业技能培训力度，选派技术人员"一对一"结对贫困村，积极探索政府购买公益性就业岗位，鼓励能人带动就业等；移民搬迁上科学制定搬迁计划，加大资金整合和政策支持力度，落实易地扶贫搬迁补助金；教育扶持上实施教育扶持计划，解决留守儿童读书难和"两红"贫困子女上学问题。在社会保障方面，完善最低生活保障制度、农村居民社会养老保险制度，健全医疗保障制度，提升公共服务能力。

二、部门帮扶：党中央的重视及 39 个部委的鼎力支持

加快老区发展步伐，做好老区扶贫开发工作，让老区农村贫困人

口尽快脱贫致富，确保老区人民同全国人民一道进入全面小康社会，是我们党和政府义不容辞的责任。对这个问题，我一直挂在心上，而且一直不放心，所以经常讲这个问题，目的就是推动各方面加紧工作。

——习近平：《在陕甘宁革命老区脱贫致富座谈会上的讲话》，

2015 年 2 月 13 日

赣州市为党和国家的发展作出了巨大牺牲和重大贡献。党和国家并没有忘记赣州人民的奉献，赣州市的发展一直牵动着党中央、国务院和国家部委的目光。习近平总书记先后对赣南发展 9 次作出批示，确定赣南发展战略定位、发展方向及重点。同时，出台实施《若干意见》，将赣南苏区振兴发展上升为国家战略，对革命老区发展作出了顶层设计，明确了赣州作为全国革命老区扶贫攻坚示范区的战略定位及革命老区脱贫攻坚的总体要求、工作重点、主要任务、支持政策、组织领导等问题，为从根本上全方位改变赣南苏区的落后面貌，与全国同步全面建成小康社会奠定了决定性基础[1]。39 个国家部委倾力支持赣州，积极寻找对口帮扶单位优势与受援县(市、区)需求二者间的最佳结合点，为赣南出台全国"独一无二"的定制款配套帮扶政策，在资金、项目、人才、信息等方面给予全方位支持，形成了多层次、宽领域、立体化的政策支持体系。这一系列覆盖面广、含金量高、惠民利民的政策举措，有力地推进了赣州脱贫攻坚和振兴发展。为让对口帮扶单位的优势充分发挥，实行干部双向挂职，实现对口帮扶单位与受援地的互联互通，带动贫困地区干部群众转变观念、优化思路，对赣南苏区增强自我发展的"造血"能力具有重要促进作用，为赣南苏区加快脱贫致富注入了强劲动力。

三、外源推动与内源发展培育脱贫攻坚合力

习近平总书记指出："摆脱贫困首要并不是摆脱物质的贫困，而是摆脱意识和思路的贫困。"①贫困地区和贫困群众是治贫对象、帮扶对象，更是脱贫的主体、致富的奋斗者，需要各方的帮扶，更需要自身内在的脱贫的动力、发展的动力、振兴的动力。为此，赣州市在实施脱贫攻坚行动中，始终坚持内外兼修、自力更生、奋发图强，大力弘扬客家文化、阳明文化、红色文化，发扬苏区干部好作风，开展"智志双扶"和感恩奋进教育，引导贫困地区和贫困群众感党恩、听党话、跟党走，以决战的姿态、奋斗的状态打赢脱贫攻坚战。同时，强化正向激励与反向约束机制，发挥先进典型引领示范作用，增强脱贫群众勤劳致富的信心。通过树立脱贫光荣的"风向标"，激发了自主脱贫的"内动力"，凝聚了脱贫攻坚的"正能量"，为努力实现高质量、可持续脱贫提供了重要保障。

(一)提高政策帮扶力度，唤醒自力更生意识

赣州市在脱贫攻坚工作中坚持扶志为先，补足精神之钙，实现

---

① 《习近平关于社会主义经济建设论述摘编》，232 页，北京，中央文献出版社，2017。

了"精神脱贫"与"物质脱贫"同频共振。**一是加大政策宣传力度**。通过网络、微信、微博、手机 APP 等新媒体手段，全方位宣传国家扶贫政策，让贫困户充分树立脱贫奔小康的信心决心，自觉接受、积极支持扶贫工作。同时利用电视、报刊等媒体，多角度映射扶贫对象存在不良思想的反面典型，使那些好逸恶劳、不愿脱贫、一味"等靠要"依赖政府的群众觉得脸上无光，转变思想观念。**二是创新自我激励引导方式**。通过群众喜闻乐见的形式，寓教于乐，在潜移默化中引导贫困户自力更生、自强不息。如赣州市组织"脱贫好故事"巡回宣讲活动 100 多场，请群众说身边的事，影响身边的人；赣州市委市政府 2018 年评选了一大批脱贫攻坚先进典型，让广大群众学有榜样、行有标杆；兴国县秀水村定期举办"秀美秀水我最秀"舞台秀，让秀水村脱贫户、文明户、五好家庭户"秀"出自信，秀水村脱贫思进蔚然成风；寻乌县打造"新时代讲习所"平台，乡村祠堂变讲堂，"传习菜单"向贫困户传递政策方针、客家文化、文明新风和致富本领。**三是强化政府组织引导**。驻村工作队同时兼任"精神扶贫工作队"，突出村民小组长、党小组长、农村"五老"等作用。对存在不良思想倾向的贫困群众，逐户上门宣讲，从教育引导入手，强化勤俭节约、发家致富等传统文化熏陶，引发贫困户感性共鸣、理性思考、自觉接受。同时拨付专项费用，由驻村第一书记负责，分批次组织贫困群众分赴各地，现场参观学习成功脱贫的典型，搅动思想、正向激励、激发志气，推动贫困户思想意识和行为方式的转变，破除"等靠要"和"不以贫为耻，反以贫为荣"的落后思想观念，积极引导贫困农户想方设法脱贫、千方百计致富，形成

"思谋脱贫、主动创收、勤劳致富"的社会正能量[14]。

(二)从"要我脱贫"到"我要脱贫",增强勤劳致富信心

2017年春节前夕,习近平总书记在河北张家口看望慰问基层干部群众时指出:要把扶贫同扶志结合起来,着力激发贫困群众发展生产、脱贫致富的主动性,着力培育贫困群众自力更生的意识和观念,引导广大群众依靠勤劳双手和顽强意志实现脱贫致富。①随着脱贫攻坚工作的不断深入,贫困户的"两不愁、三保障"等基本生活问题得到了有效解决,但仍然有部分贫困户存在"等靠要"思想,"靠着墙根晒太阳,等着别人送小康",给后期的脱贫攻坚工作增添了难度。在脱贫攻坚工作中,要激发贫困户的内生动力,调动贫困地区贫困人口积极性,让已有的扶贫成果得到巩固提升,让脱贫群众进一步增强勤劳致富的信心,实现贫困户从"要我脱贫"向"我要脱贫"转变,强化勤劳致富的意识。

2018年,兴国县针对部分贫困户存在思想懒散、信心不足、不愿劳动、攀比浪费、不知晓政策等现象,开展"评分定星"试点工作,强化正向激励与反向约束机制,发挥先进典型引领示范作用。尤其是埠头乡在2018年5月以西霞村为试点,2018年9月由点及面在埠头乡、兴国县全面推广,通过"找准病根,制定考评办法;全面动员,激发参与激情;公正评分,确保群众信服;分类奖惩,强化正向激励"等措施,形成贫困户参与扶贫越发主动、脱贫劲头更加充足、家庭面貌

①　参见新华网:《习近平春节前夕赴河北张家口看望慰问基层干部群众》,2017-01-24。

明显改善、淳朴乡风日渐浓厚的良好氛围，并得到国家第三方评估考核组的好评[14]。每季度开展一次"评分定星"，重点围绕勤劳致富、环境卫生、乡风文明、政策知晓等方面进行评分，满分 100 分。实行星级评分制，89 分以上为九星户，80 分至 89 分为七星户，60 分至 79 分为五星户，60 分以下为三星户。在"评分定星"的基础上，各村结合赣南新妇女运动每月开展"卫生评比"，形成常态化机制。通过开展"评分定星"活动，在贫困户当中形成了你追我赶的良好氛围，如埠头乡涌现了孝老敬亲的范年松勤劳致富、发展生产的刘明玉，身残志坚、早日脱贫的黄柑平等典型。通过发挥典型的示范带头作用，有效地激发了贫困户由"要我发展"转变为"我要发展"，从思想上为脱贫致富攻坚战奠定了基础。对被评为九星户的农户，西霞村发放了"九星光荣户"的流动红旗，让他们悬挂在家里。在以精神奖励为主的基础上，根据《积分兑换奖品办法》给予一定的物质奖励，并把活动成果运用好，以典型带动其他贫困户向前看、站前列的思想意识，为贫困户早日脱贫提供精神动力[15]。

四、帮扶支持下的显著成效

外源推动和内源发展是我国扶贫进程中的一大重要成果。在很多贫困地区，由于缺乏物质基础，难以实现自我脱贫。只有在外力推动下学会如何"走路"，才能逐渐让自己"跑起来"。作为革命老区，赣州市在战争年代的创伤使其社会经济一落千丈，加之封闭的地理条件，使其发展长期处于落后状态。党和国家高度重视赣南苏区的贫困问题，早在精准扶贫之初，中央就已作出多次指示，扶持赣南苏区发展。通过上下联合、部门帮扶和政策照拂，赣州人民不忘初心，将外源助推逐渐内化，形成内部对外部的学习和创新，自此走出一条外源助推与内源发展共同合力实现脱贫攻坚成效的"赣州扶贫之路"。

(一)发挥部门优势，生态治理、旅游发展双创收

1. 恢复生态，构建山水林田湖草共同体

赣州市深刻领会习近平总书记关于"两山论"的重要理论指导，围绕《若干意见》确立"我国南方地区重要的生态屏障"战略定位，加快生态修复治理。坚持从整体、全局、协调的角度寻求治理之道，在部门帮扶下，初步形成以"我国南方地区崩岗治理示范、多层次流域生态补偿先行、废弃稀土矿山环境修复样板"为明显特点的山水林田湖草综合治理样板区。赣州市地处山区，生态环境的脆弱性致使"一方水土养不活一方人"。通过实施易地搬迁项目，破解农户因生存环境恶劣造成的发展瓶颈，从生存环境方面有效降低农户贫困脆弱性，保护生态系统的平衡，促进人与生态的相互融合。同时赣州市也是山水林田湖草国家试点之一，地处南岭山地、武夷山脉、罗霄山脉的交会地带，是南方丘陵山地生态屏障组成部分，又是赣江、东江的源头，其水源涵养和水质净化功能对江西省和珠三角区域都有重要的意义。在治理生态环境中，秉持"山水林田湖草是一个生命共同体"的生态系统保护理念，统筹区域内各类生态环境要素，建立生态保护修复的长效机制，推动生态环境持续改善。例如在废弃稀土矿山治理中，追溯历史原因，因"病"出"药方"，探

索总结了废弃稀土矿山综合治理"三同治"（山上山下同治、地上地下同治、流域上下游同治）模式。

以寻乌县为例。寻乌县充分发挥当地山水地貌资源优势，通过山水林田湖草生态修复工程的实施，解决了废弃稀土矿山水土流失、环境破坏和水污染等生态问题，进而实现县域内生态环境明显改善、生态屏障得到有效修复，使废弃地区变废为宝，大大提高了生态治理水平。一是县级统筹规划，分类施策。依据不同自然单元，从全域带动、整体推进的角度出发，按照流域分 4 个项目区实施项目。依据每个项目区不同的生态环境，采取经济、有效的措施。二是实施全域性治理的创新模式。探索总结了废弃稀土矿山综合治理"三同治"模式，即山上山下同治——在矿区采取地形整治、边坡修复、植被种植等措施；地上地下同治——在地上通过工程措施与生物措施相结合的方式改良土地，对地下污水采取高压旋喷桩截流措施，在地面进行治理；流域上下游同治——上游控制水土流失，下游构建排水系统，建立梯级人工湿地，实现上下游综合治理。通过整体保护、综合治理，实现全县域生态恢复。

2. 生态治理，打造旅游胜地

生态环境是生态旅游的生命线，水土保持是实现生态旅游建设和经济社会发展双赢的有效途径。因此，水土保持减贫脱贫要坚持以"树精品、创特色、抓亮点、为景区添彩"为原则。以上犹县为例，在构建水土保持综合防治体系的基础上，上犹县秉承水土保持工程生态化、景观化的理念，全力打造具有文化特色、山水特色、产业特色的乡村旅游景点，实现绿水青山与金山银山的共存共荣。上犹县以"赣州市国家旅游扶贫试验区"平台建设为契机，紧扣"生态休闲旅游度假区"功能定位，

图片 6-1　寻乌县柯树塘废弃稀土矿山修复治理前后对比图

发挥乡村旅游资源优势，推动生态旅游与精准扶贫有机结合，深入践行"旅游＋"发展战略，走出一条以旅带农、兴旅富农的旅游扶贫新路。乡村生态旅游的蓬勃发展产生了极为显著的减贫效应，构筑了景区内劳务就业、景区外围销售旅游产品、景区周边开办农家乐以及景区特色生态产品包装开发利用等多种贫困人口参与的增收渠道。乡村旅游已成为老百姓脱贫致富奔小康的"幸福引擎"[16]。

（二）发挥政策优势，突破扶贫"天花板"

江西全省上下深入贯彻落实习近平总书记关于扶贫工作的重要论述和对江西脱贫攻坚的重要要求，聚焦消费扶贫，对产品质量、销售渠道、制度保障等环节紧抓落实，助力高质量打赢脱贫攻坚战。赣州市委市政府以脱贫攻坚为第一要务，坚持"以上率下"的塔式架构和"以下看上"的倒逼机制相结合的工作模式，聚焦深度贫困群体，依托"产业扶贫＋电商扶贫＋消费扶贫"，以"五抓五促"积极推进消费扶贫等社会扶贫新模式，实现贫困户稳定增收。

以安远县为例。安远县依托"新华99"乡村振兴[17]项目组开发的"新华99"扶贫平台，形成农产品、贫困户、帮扶单位等消费大数据，让贫困户及合作社的农产品成为线上主体，由扶贫专干收集贫困户的产品信息，精准对接消费群体，通过爱心购、定制化种植、认购订养等消费扶贫模式，实现消费者与来自扶贫主体的产品、服务的有效对接，帮助贫困村、贫困户通过发展农业脱贫增收，提高扶贫效益。

一是打造消费扶贫新模式。坚持市场原则，构建扶贫产品线上"互联网＋"销售平台和线下"企业＋农户"销售模式，降低交易费用，助推消费扶贫。赣州市是我国重要的脐橙产地，但交通条件不好，O2O模式无法在全市推广。赣州市在传统的"互联网＋"线上销售模式基础上进行了创新，发挥经济组织作用，以"新平台"精准对接"大市场"。在电商扶贫工作中，赣州市各县（市、区）引入深圳残友公司创建的"去扶贫"手机APP平台，帮助贫困户销售农特产品，大力推进"互联网＋精准扶贫""电商＋精准扶贫"，加快完善线上交易、线下生产、订单农业、爱心认购运行机制，将社会扶贫交由市场运作，实现了贫困户稳定持续增收。2018 年，安远县鹤子镇半迳村贫困户通过这一平台将种植的 350 亩、近 105 万斤红蜜薯销售一空，单价比以往翻了 3 倍，每亩净增收 3000 元以上。

二是引进电商扶贫作为保障。电商扶贫通过互联网平台将农户的农产品和消费群体连接起来。为减少中间环节，提高农产品的质量，建立生产者与消费者间的信任，实现消费扶贫的有序稳步发展，需要借助政府力量，在电商技能培训、产品宣传、基础服务设施、配套服务体系等方面给予辅助，保障电商扶贫机制稳定运行。赣州市紧紧抓住"互联网＋社会扶贫"这个核心，利用赣州市被列入国家第二批电子商务示范城市的契机，大力推进电子商务进农村综合试点全覆盖，极大地完善了县乡村三级农村电商服务网络。已建成电商孵化园 25 个、县级电商运营中心 48 个、乡镇电商服务中心 180 个、村级电商服务站 2996 个（其中贫困村电商服务站 843 个），为消费扶贫奠定了硬件基础。

三是激发消费动力，助推贫困户增收。消费扶贫是以消费者为主体，通过购买和消费来自贫困地区和贫困人口的产品、劳务，实现贫困主体增收脱贫的扶贫方式。它是以电商扶贫为基础的，主要涉及消费者和生产者两大主体。如安远县在消费扶贫方面采取的主要措施包括扩大消费群体、提高产品质量、加强产品宣传等。首先，营造消费扶贫社会氛围，鼓励消费者参与。安远县成立状元娃娃公司平台，连接生产端和消费端，采取"五进"（进机关、进学校、进企业、进医院、进市场）模式，使产品得以被消费。其次，构建品牌体系，提升产品附加值。赣南是粤港地区饮用水东江的源头，具有深厚的源头文化、客家文化底蕴，将特色文化元素与农产品品牌建设有机融合，对提高赣南农产品识别度有极大的促进作用。在打造地区产品品牌中，赣州市倒逼生产主体从源头对农产品提质保量，确保品牌质量过关。具体措施有：建设农产品检测检疫中心，出台本地农产品标准，建设农产品追溯和质量认证体系，建立从田头到发货全过程的条形码或二维码溯源原始数据链。基于此，形成了赣南脐橙、安远百香果、臻果然、薯满园等一批"土字号""乡字号"的"三百山"系列特色产品品牌[18]。

五、赣州市发挥帮扶作用的经验总结

精准扶贫实施以来，中央一直强调扶贫开发贵在精准、重在精准、成败之举在于精准，在推进过程中特别重视对贫困地区的帮扶，尤其是对革命老区的帮扶。但是诸多地区面临同一个问题，就是如何高效利用这些帮扶政策。作为革命老区，赣州市科学运用外源帮扶并取得诸多成效，这一做法为我国其他贫困地区合理实现外源与内源有效发挥作用提供了典型。以下就其经验进行总结，用于推广。

(一)政策帮扶的可持续力

我国贫困地区之所以贫困，是因为缺乏物质基础和经济基础。若要实现贫困地区"跑起来"，首先要助推贫困地区"走起来"。不难看出，赣州市近年来社会经济飞速发展缺少不了外源推动。党和国家持续发力，为赣州市的发展推波助澜。为防止帮扶出现间断和提高帮扶的一致性，中央积极与地方进行对口帮扶，形成"一对一"的精准帮扶。将具有发展潜力的国有企业引入帮扶队伍，与当地产业发展融为一体，形成政策持续发力，助推地方扶贫工作。赣州市充分发挥部门优势，与自然资源部一起探索城乡建设用地增减挂钩、生态环境治理等方案，以推动脱贫攻坚的持续发展。同时，赣州市在中央的照顾下，积极构建市级、县级、村级三个层面的帮扶措施，形成"以上率下"的塔式架构和"以下看上"的倒逼机制相结合的工作模式，聚焦贫困地区人口。

(二)外源内化突破发展瓶颈

精准扶贫以来，巨量资源政策被投入赣南苏区，如何整合资源以有序推动扶贫进程反映了一个地区自我发展的能力。赣州市积极探索，合理利用政策资源，将外部援助逐渐内化，形成自我发展的推动力。赣州市科学引导，强化政府组织力，落实政策帮扶。在村级层面，鼓励干部成立精神扶贫工作队，积极传达上级指令，将政策内化，转变群众思想观念，构建正向激励，推动群众思想意识觉醒，由"要我脱贫"转变为"我要脱贫"。在部门对口帮扶层面，不是一味听从上级指挥，而是灵活运用上级政策和部门帮扶。如在生态治理上，依据自身资源特质，积极构建山水林田湖草生态系统，实现流域内综合治理和可持续发展。又如在贫困户发展渠道上，积极探索消费扶贫，与"新华99"创新电商平台构建农副产品线上销售渠道，合理合力将外部援助内化，促进发展。

第七章 | 党建来引领，提高"治理能力"

习近平总书记强调："抓好党建促脱贫攻坚，是贫困地区脱贫致富的重要经验。"①赣州市是著名的革命老区，有着贫困面较大、贫困程度深、发展基础差、保障能力弱等情况，在脱贫攻坚中任重道远。实现革命老区全面小康是实现全国全面小康的优先任务，赣州人民"不忘初心、牢记使命"，努力实现小康。在习总书记的特殊关怀下，赣州人民进一步提振了打赢脱贫攻坚战的信心和决心。赣州市委市政府始终把打赢脱贫攻坚战作为首要政治任务和最大民生工程，以巡视反馈问题为抓手，扎实推进抓党建促脱贫攻坚工作。

① 《习近平关于社会主义经济建设论述摘编》，227 页，北京，中央文献出版社，2017。

习近平总书记指出，苏区精神承载着中国共产党人的初心和使命，铸就了中国共产党的伟大革命精神。① 赣州市坚持党建引领，全体党员干部大力弘扬艰苦奋斗、脚踏实地、一往无前的苏区革命精神，坚持以习近平新时代中国特色社会主义思想为统领，紧密围绕精准扶贫中心工作，始终坚持高标准、严要求，切实发挥党建引领作用。赣州市不断强化组织保障，配齐配强村"两委"班子，强化基层党组织组织力，发挥基层党组织战斗堡垒作用，聚焦解决"两不愁、三保障"突出问题，在村集体经济发展上持续发力，在生产生活条件改善和人居环境整治上再出实招，不断激发贫困群众内生动力。市厅级领导干部带头，层层压实责任，逐级抓好落实，大力扶持党员创业致富带头工程，党员干部结对联系贫困县和深度贫困村、选优下派驻村干部深入脱贫攻坚第一线，发挥先锋模范作用，弘扬长征精神，传承红色基因，带动和引领赣州人民团结一致打赢脱贫攻坚战。为保障脱贫攻坚取得全面胜利，赣州市坚持选派精兵强将上脱贫第一线，加大扶贫干部培训力度，形成脱贫一线实干担当鲜明导向，坚持正向激励与倒逼机制相结合，强化干部队伍建设，提升脱贫攻坚能力本领，确保如期实现高质量脱贫，为把赣南建成全国脱贫攻坚示范区作出新的贡献。

一、弘扬"长征精神"，推动党建扶贫

习近平总书记强调，长征永远在路上，不论我们的事业发展到哪一

---

① 参见《习近平关于"不忘初心、牢记使命"论述摘编》，17—18 页，北京，党建读物出版社、中央文献出版社，2019。

步，不论我们取得了多大的成就，我们都要大力弘扬伟大的长征精神，在新的长征路上继续奋勇前进。[①] 如今，面对实现"两个一百年"奋斗目标的长征路，需要我们大力弘扬艰苦奋斗、脚踏实地、一往无前的长征精神。赣南革命老区是全国较大的集中连片特殊困难地区之一，基础条件差，人均耕地面积较少，缺乏基础生产资料，贫困类型多样，片区县、重点县、贫困村数量之多，在全国诸省区市中较为少见。这片红色土地上生活的赣州人民，长征精神植根于他们的心中，有着特殊的责任感和使命感，全体党员干部不怕艰苦，脚踏实地，深入扶贫第一线，发挥先锋模范作用，始终把脱贫攻坚作为重大政治责任和光荣使命。

(一)党员干部牢记革命传统，深入扶贫第一线

习近平总书记在中央党校讲话《谈谈调查研究》中强调："不仅要'身入'基层，更要'心到'基层，始终关心基层联系点，关心联系点的群众。"[②]赣州市委主要领导牢记革命传统，满怀对老百姓的深厚感情，一心为民，自觉主动深入基层、深入群众。仅 2018 年以来，赣州市委就对抓党建促脱贫攻坚专门批示 14 次，市、县两级专门组建组织工作调研巡察队伍，市委主要领导担任市精准扶贫攻坚战领导小组组长，经常深入基层一线调研、明察暗访、召开现场调度会，亲自参战督战，推动抓党建促脱贫攻坚等工作抓在经常、严在日常。44 名市厅级领导干部

---

①　参见《在纪念红军长征胜利 80 周年大会上的讲话》，11 页，北京，人民出版社，2016。

②　《习近平总书记系列重要讲话读本(2016 年版)》，291 页，北京，学习出版社、人民出版社，2016。

结对联系贫困县和深度贫困村，足迹遍布 20 个县（市、区）、216 个乡镇。赣州市委主要领导带头示范，推进干部下基层，统筹做好工作谋划，选派结对帮扶驻村工作队；深入开展市领导"六个一"帮扶工作，即由每位市级领导带领一个市直（驻市）部门、一个市属企业，市财政安排 100 万元专项资金，重点帮扶一个县（市、区）、抓一个示范乡（镇）和一个示范村；组织开展"321"帮扶重点贫困户活动，即市厅级领导干部结对帮扶 2－3 户、县处级干部结对帮扶 1－2 户、科级及以下干部有条件的结对帮扶 1 户；推行市级领导包县、县级领导包乡、乡镇领导包村、双联干部包户的"四包责任制"，做到工作到村、扶持到户、责任到人；按照"分级负责、整体联动、全面覆盖"的原则，下派第一驻村书记，推动"五级书记"抓扶贫，把主要精力用在抓脱贫攻坚上；实行"大村长制"，由领导干部担任"大村长"，进一步完善脱贫攻坚组织体系，加大干部下基层力度，做到群众不脱贫、结对不脱钩、干部不撤离。

（二）革命精神薪火相传，党员干部发挥先锋模范作用

以民为本是中国自古以来的优秀文化传统，党员传承红色基因是党员在党和人民的事业建设中发挥先锋模范作用的需要。要发挥先锋模范作用，就要心中有民，燃起心中爱民的热情，为广大群众点亮理想信念的明灯。赣南苏区党员干部一心为民，传承红色基因，发扬"长征精神"，"不忘初心、牢记使命"，"身入"人民群众的日常生活中，树立标杆，发挥先锋模范作用，助推脱贫攻坚。如上犹县常态化开展"乡间夜话"活动，采取拉家常模式，谈政策、访民情、解民难、议发展，干部

群众"同照一盏灯、同围一张桌、同坐一张凳、同谈一席话"，促使党员干部在一线办公、解决问题、服务群众。又如宁都县实施"家访制"，深入群众中宣讲党的各类扶贫政策，询问群众家庭情况以及意见诉求，了解群众生活状况，帮助解决常见性、多发性矛盾纠纷等问题；加大党员创业金融扶持力度，将党员创业致富带头人纳入重点培育对象，每年扶持200名以上党员贷款创业，提高党员"双带能力"，引领群众从"等靠要"到"比着干"的思想转变，极大地激发了群众脱贫致富的内生动力。截至2019年上半年，全市贫困村有党员创业致富带头人2165名，提供1.97亿元贴息贷款，带动10090户贫困户发展产业、实现就业。

典型案例 7-1

南康区王建华牢记使命，发挥党员先锋模范作用

"你们讲的我都懂，但我是一名共产党员，不能光顾自己发家致富。让大家都过上好日子，这是共产党员的神圣使命。"2014年，放下红红火火的家具厂事业不管，却去当一个"十三五"贫困村——九江村的党支部书记的王建华，面对家人和朋友的不理解时这样说。

他不仅这样说，还这样做。面对区域面积大、贫困人口多、贫困程度深、经济发展长期滞后的九江村，他没有被困难吓倒。自担任村党支部书记以来，他带领村"两委"一班人，在县乡党委政府和有关部门的关心支持下，以"敢教日月换新天"的豪情壮志，以"5+2""白加黑""晴加雨"的敬业奉献精神，自力更生、艰苦奋斗，用短短的两年时间，让一个偏僻落后的"穷山沟"，摇身一变成为产业兴旺、环境优美、民风和谐

的魅力乡村，178 户贫困户全部脱贫致富，创造了一个不可思议的"神话"。

2014 年 12 月当选为九江村党支部书记时，王建华**一是"一诺千金树威信"**。他一上任就在党员组长会上表态，把"修路"摆在第一位，而且要一口气修 14 公里。大家觉得他是"好大喜功"。但王建华是这样承诺的，更是这样干的，而且在 2015 年的冬天还将此事干成了！为此，有人称赞他为"修路书记"。大家不知道的是，在修路过程中，资金不够了，王建华以厂子作担保；修路涉及矛盾纠纷了，他又不顾风险到场协调解决；修路需要大家出工出钱，他苦口婆心做说服工作，还带头把那一年的工资全捐了。他知道"一口唾沫一个钉"，说到就要做到，无论付出什么代价。**二是"以一人瘦换全村新"**。3 个月瘦了 30 斤，这是王建华 2016 年开展脱贫攻坚的"成果"。这一年，九江村干成了三件大事。**"建"**：共实施各类项目 33 个，新修道路 12 公里，通户路 360 户、1.86 万平方米，通水渠 3.8 公里，建成 50 个垃圾集中收集点，新建公共卫生室和文化活动室，安装 88 盏太阳能路灯，完成 150 户农户的改厕，建成 18 栋保障房。**"拆"**：全村 25 个村民小组共计拆除牛猪栏和废旧厕所 240 间，拆除破棚和铁皮棚 5000 多平方米，拆除危旧土坯房 4.3 万平方米。**"流"**：全村流转土地 1000 亩，用于发展产业。三件大事一做，全村面貌焕然一新。王建华带领全村干部没日没夜地做工作，克服一切困难，取得了优异成绩。为此，他不但瘦了 30 斤，还得到了又一个绰号——**"三不怕**(不怕事多、不怕挨骂、不怕疲劳)**书记"**。**三是"言传身教促发展"**。王建华通过走访农户、调查摸底，总结出农户的**三个担心(担心资金、担心技术、担心效益)**。问题的症结找到了，如何破解？王建华带领干部外出考察，结合实际，选择了大家既熟悉又陌生的葛根作为村里的高效农业产业。通过务工，大家逐渐掌握了种植技术。为了推广这个产业，他停下自己办的年收入达 20 万元的家具厂，"以身试验"种起了葛根。在他的带领下，5 个贫困户合伙种了 20 多亩，一传十、十传百，葛根产业在群众心中扎下了"认可"的根。2019 年，王建华又自己承包了 100 多亩土地尝试新品种——木瓜，吸纳了 17 户贫困户长期就业，每人每月平均工资不低于 1000 元。下一步计划通过"反租倒包、托管、认种认购"等方式再链接 30 户贫困户，希望能够为乡亲们找到一条农业致富的新路径。

王建华作为一名党支部书记，有着敢闯敢为的时代干劲、以身作则的军人正气、不畏艰辛的奋斗勇气、无私奉献的苏区精神和共产党员的为民情怀。在他的带领下，九江村所有贫困户全部实现稳定收入、稳定脱贫，带动了全村 2800 多人的致富增收，群众的获得感和满意度得到全面提升，为乡村振兴迈出了扎实的步伐。脱贫攻坚的路上，需要像王建华这样的党员同志为我们的脱贫攻坚和乡村振兴奋力拼搏，不负党的重托和人民的期望。他经常说"没有组织给的舞台，我也无法为更多的人作贡献"，时代担当呼唤人人投身。

——摘自《南康区脱贫攻坚奖候选人先进事迹材料》

二、提升基层组织能力，筑牢脱贫攻坚堡垒

党的基层组织是确保党的路线、方针和政策部署、贯彻和落实的基

础。赣州市坚持抓党建促脱贫攻坚，抓好配套组织建设，实行"大村长制"，配齐配强基层党组织干部及村级后备干部队伍，不断提升基层组织组织能力，以村级集体经济作为基层组织建设的工作保障，形成了坚实的基层党建工作机制。赣州市建立健全完善的基层党组织考核管理制度，把脱贫攻坚作为绩效考核的重要内容，倒逼村党组织书记把主要心思和精力放在脱贫攻坚上；充分发挥"三个小组长"作用，开展妇女"五扶"培训，推进乡风文明建设，不断激发贫困户内生动力，发挥基层党组织的战斗堡垒作用。

(一)抓好村级配套组织建设

一是选优配强村"两委"班子，特别是村党组织书记。2018 年村"两委"换届中，将能否适应脱贫攻坚工作需要作为组织提名人选的重要资格条件，严格落实省委"五不能、七不宜"规定，采取"村初审、乡预审、县联审"办法，严把候选人资格条件关。换届后，新一届村"两委"班子成员中，高中以上学历占比 62.3%；村书记、主任中，致富能手占比 50.04%。组织开展 3 轮村"两委"换届选举"回头看"，明确村党组织书记出现空缺的，一个月内要配备到位，逐村开展村级班子研判，撤换不胜任、不合格、不尽职的贫困村党组织书记 60 人。通过"六个一批""五条途径"，着力培养选拔谋划脱贫有思路、发展产业有措施、带领群众致富有办法的村党组织书记。**二是配齐第一书记和驻村工作队。**赣州市对标中央出台的选派第一书记相关文件，率先制定出台第一书记选派管理办法，继续保持下派干部驻村帮扶所有行政村全覆盖。全市 3468 个行政村均选派了第一书记和驻村工作队，在岗驻村工作队员(含第一书记)9809 名。优化结对帮扶机制，按照"五定"要求(即定对象、定目标、定政策、定措施、定责任），深入推进市党政领导"六个一"挂点帮扶工作。**三是实行"大村长制"，完善脱贫攻坚组织体系。**"大村长"负责统筹协调驻村领导、驻村第一书记、驻村工作队、帮扶干部和村"两委"干部等工作力量，形成工作合力。要求"大村长"每周周四、周五、周六三天必须进村入户，深入工作第一线做好帮扶工作，及时召集本村工作力量对一周工作进行会商，细化工作目标、分析存在问题、提出解决对策，把排查发现需解决的问题以《"大村长"排查问题报告单》形式向所在乡镇党委、政府报告。例如崇义县创新"大团长"和"大村长"并轨机制，乡镇成立脱贫攻坚工作团，指定一名县领导任"大团长"，其他挂点县领导和乡镇党委书记任副团长；村级组建脱贫攻坚工作组，帮扶单位主要领导任"大村长"兼工作组长，乡镇驻村领导、驻村第一书记、村书记任副村长。实行"大团长""大村长"负责制，有效解决了乡村各类扶贫力量协调不力、难以形成合力的问题，推进了脱贫攻坚责任落实、政策落实、工作落实。

典型案例 7-2

兴国县"大村长制"推进脱贫攻坚

兴国县实行"大村长制"，把责任精准压实到人，把工作精准落实到村，推进脱贫攻坚。兴国县"大村长制"主要从三个方面落实。一是选派五类人员。1. 县四套班子领导及法检"两长"。2. 乡镇党委书记、乡镇长、开发区管委会主任。3. 县直单位正科级领导干部（含部分非领导职务正科级干部）。4. 驻县单位主要领导。5. 乡镇党委副书记、人大主席。二是坚持四个不变。1. 各乡镇区挂点县级领导保持不变。2. 深度贫困村挂点县级领导保持不变。3. 乡镇区党委政府、村"两委"脱贫攻坚主体责任保持不变。4. 驻村第一书记、驻村工作队和帮扶干部等帮扶力量保持不变。三是依据三条原则。1. 县级领导层面：按照"一乡（镇、区）一村"的原则。2. 县直、驻县单位层面：县直单位正科级领导干部（含部分非领导职务正科级干部），优先安排在本单位帮扶的乡镇区选择一个担任"大村长"，如果在本单位帮扶的乡镇区安排不下，则安排在其他乡镇区，担任"大村长"。3. 乡镇层面：按乡镇党委书记、乡镇长（经济开发区管委会主任）、党委副书记、人大主席的顺序安排"大村长"。[6]

(二)培养村级后备干部队伍

全面实行见习村干部、选聘扶贫专干和民政专干等制度。坚持把优秀青年培养成党员，把优秀青年党员培养成村民小组长（党小组长、妇女小组长），把优秀村民小组长（党小组长、妇女小组长）培养成实习村干部，把优秀实习村干部培养成村"两委"干部，把优秀村"两委"干部培养成村党组织书记（村主任），让优秀村党组织书记（村主任）通过选拔或选聘成为乡镇事业单位工作人员、乡镇领导班子成员。落实结对帮带和培养锻炼机制，引导他们积极参与脱贫攻坚等中心任务，在工作实践中成长，着力解决村级组织后继乏人问题。截至 2019 年上半年，赣州市配备村级后备力量 15720 人，所有村达到了 2 名以上后备干部的要求，其中村党组织书记后备人选 3864 人，实现了每村至少 1 名村党组织书记后备人选。

(三)提升村级党组织治理能力

基层党组织作为中国共产党治国理政的神经末梢，既是治理体系的重要组成部分，也是治理能力彰显的重要组织载体。要不断提升基层党组织的治理能力，强化基层党组织的政治功能和价值引导作用，打牢中国特色社会主义事业发展的信仰定力。赣州市委将 2019 年确定为基层党建质量提升年，出台《基层党建质量提升行动实施意见》，明确 16 个提升项目、80 条具体措施，其中抓党建促脱贫项目(包括村集体经济发展)提出了 22 条措施。广泛开展"扶德扶志、感恩奋进"、乡风文明专题演出、"赣南新妇女"运动等主题宣传教育活动，专题宣讲演出 2.5 万余场、"乡村夜话""屋场会""流动党校"等入户宣讲活动 12 万余场。在江西省首创"农家书屋＋电商"新模式，建设兼具电子商务、信息服务等功能的新型农村文化服务站点，教育引导贫困群众勤劳致富。农村"三个小组长"发挥积极作用，大力推进乡风文明建设，调动参与脱贫攻坚积极性。

典型案例 7-3

会昌县"三个小组长"：基层治理

会昌县全面落实赣州市委关于农村基层党建工作精神。为进一步夯实党的执政基础和群众基础，会昌县坚持"县级统筹、乡(镇)组织、村为主体、组为重点、户为基础"，在全县范围内开展共建共创美丽乡村活动。活动以村小组为主体、党小组牵头、妇女小组参与的形式，每月对本村的全体农户家庭进行一次"五星"环境卫生检查评比，充分发挥了党小组长、村民小组长、妇女小组长的作用。"三个小组长"的工作主要着眼于推进乡村振兴和乡风文明，**一是当好政策路线的"宣传员"**。在党小组及村民小组的领导下，妇女小组长积极向妇女宣传党和政府的路线、方针和政策。二

是当好社情民意的"信息员"。主动联系了解村民的思想动态、生活状况，及时向上反映村民的呼声和要求。**三是当好乡风文明的"先行员"**。广泛开展传统美德教育和家庭道德责任意识教育，践行社会主义核心价值观，孝老敬亲，积极参与农村环境整治。**四是当好矛盾纠纷的"调解员"**。协调好邻里关系，主动调解婚姻家庭矛盾，关注各类问题和矛盾苗头，做好思想工作，把矛盾纠纷化解在萌芽状态。**五是当好妇女致富的"引导员"**。带领和引导妇女参加农业科技知识和应用技术的培训，帮助妇女创业就业、共同致富。**六是当好排忧解难的"服务员"**。经常联系贫困家庭、空巢老人、留守妇女儿童和孤困儿童，为群众提供实际帮助。会昌县建立教育培训机制、工作交流机制、关爱帮扶机制和考核激励机制来保障"三个小组长"履职，让"三个小组长"为加强村党组织建设发挥重要作用。[19]

典型案例 7-4

南康区党建扶贫首创妇女"五扶"培训

南康区牢固树立"围绕脱贫抓党建，抓好党建促脱贫"的思想，坚持组织路线为政治路线服务，强化党的领导，加强党的建设，充分发挥党的政治优势和组织优势。南康区按照打造革命老区高质量发展的排头兵来要求，以"好的工作理念、好的工作机制、好的干部队伍、好的基层组织、好的干部作风"为抓手，全面推进党建扶贫。首创妇女"五扶"(扶贫、扶志、扶德、扶智、扶勤)培训，充分发挥妇联组织独特作用和半边天作用，在国务院扶贫办网站及光明网、大江网、《江西日报》等媒体刊载了相关经验做法(图片 7-1)。**一是强化组织，实现培训全覆盖行政**

村。"五扶"培训由区精准扶贫工作领导小组办公室、区妇女联合会牵头主办，邀请赣州市家庭教育指导中心优秀教授指导培训，各乡镇指定一名班子成员具体负责落实，形成区级统筹、乡级牵头、村级落实、组级实施四级联动格局，确保活动高效推动。同时建立村组培训第二战线，每个村妇联主席组建妇女培训工作群，将整组妇女拉入微信群，常态管理推送"好家风"等先进事迹，掀起培训活动高潮。**二是精准培训，激发农村妇女脱贫动力**。授课内容广泛且接地气，包括党的十九大精神、妇女创业就业脱贫政策等政策形势，乡风文明建设、好家风好家教、孝老爱亲、幸福婚姻家庭教育、家庭卫生等家庭美德教育，自立自强、感恩教育和社会主义核心价值观等优秀文化。充分弥补了农村妇女思想观念上的短板，精神洗礼促进脱贫动力大大提升。活动现场更挑选了当地孝老爱亲、礼让贤德的先进典型"最美婆婆""最美儿媳"以及自立自强标兵现身说法，带动更多妇女学习效仿。**三是强化保障，实施效果立竿见影**。利用各类媒体展开接地气、全方位宣传，深入村组田间地头、休闲广场、商店等，共发放宣传手册、海报、年历10万份；注重发动家庭不清洁、不和谐、不孝敬老人及思想落后的妇女参加培训；区财政设立专项资金保障学员补贴经费、村级组织经费、培训经费等，按照误工补贴100元/天、伙食补贴50元/天和培训机构授课费、资料费、差旅费、实训耗材费、器材费等工作经费3000元/村的标准下发，保证活动高效运行；培训结束后，利用微信群常态持续推送培训课程、正能量消息，并实时关注不清洁、不和谐、不孝敬老人家庭，动态跟踪反馈慰问，巩固培训成效。"五扶"培训充分激发了广大农村妇女参与脱贫攻坚的积极性，大大加强了基层组织的组织能力。[20]

图片 7-1　南康区妇女"五扶"培训现场

(四)强化村级集体经济在脱贫攻坚中的工作保障

赣州市坚持把发展壮大村级集体经济作为抓党建促脱贫攻坚的一项重大而紧迫的任务来抓,在全市探索推行"资源利用、产业带动、资产经营、服务创收、土地开发、政策利用、异地置业"7种发展模式,制定出台15条政策措施,推动村级集体经济全面发展。2017年,全市1675个无集体经济收入的"空壳村"全部消除;2018年,全市3468个行政村的集体经济收入均达到5万元以上(不含财政转移支付资金),平均每个村16.43万元,走在江西省各设区市前列。为提升村级集体经济发展质量,赣州市委2019年提出"年内每个村集体经济经营性收入达到5万元"的目标,引导各地大力发展现代农业产业,利用示范镇建设等契机实行异地置业、抱团发展,走多元化发展之路。同时在深入调研的基础上推动出台专门的奖励办法,完善村级财务管理,进一步提升了村级集体经济发展水平，省内外十多个兄弟市前来学习考察。截至 2019 年 8 月底，赣州市集体经济经营性收入达到 5 万元以上的村有 1856 个。[21]

典型案例 7-5

安远县欣山镇先行先试集体经济发展新模式

安远县欣山镇是该县的城关镇，大部分村(社区)属于建设规划区和养殖限制区，人多地少矛盾突出，难以通过传统的产业发展来实现集体经济的发展。2019 年以来，为破解村居收入不平衡的问题，安远县欣山镇坚持党建引领，立足本地优势，成立村级集体经济先行先试公司，为增强村级集体经济以助推脱贫攻坚和乡村振兴战略实施，探索出抗市场风险程度高的方式来发展集体经济，开辟了新途径。

一是以强带弱，抱团发展。由各村(社区)筹资组建村级集体经济先行先试公司，前期出资金额为 30 万元/村(社区)。村(社区)自有资金不足时，可向其他村(社区)借款，按月息 0.5% 分红时支付给借款村(社区)。借款的方式不仅打破了资金的使用困境，实现了资金的保值增值，给资金充足的村(社区)提供了一种新的收入方式，也给经济薄弱的村(社区)提供了帮助，实现了全覆盖。**二是市场运营，强化监管**。公司承接实施由县财政审核及通过正常招投标手续的各类项目工程，具体工程实行项目经理负责制，全程负责项目实施。为防范廉政风险，镇政府指定 1 名班子成员监管和 2 名财务人员进行财务管理，监督工程质量和确保资金安全。**三是利益联合，激发动力**。根据公司章程，项目完工后，项目纯利润的 10% 用于项目经理绩效考核(项目经理薪酬模式采取"基本工资＋项目绩效"考核方式,基本工资从项目中支出,出现安全生产事故和工程质量问题取消绩效考核奖励),剩余的90%作为村级集体收入进行分红。村级利润的20%用于村(社区)干部的考核资金,80%用于民生和公益事业支出。

科学合理、严格有序、规范有效的管理体系是村级集体经济持续、稳定、健康发展的基础。发展集体经济时,经营环节中涉及的人、财、物较多,必须加强廉政建设、加强财务管理和强化从业人员监管。安远县坚决查处集体经济发展过程中的不正之风和腐败问题,严厉打击非法侵占、挪用、私分、损坏集体资产等违法行为。同时,探索建立容错纠错机制,明确容错免责界限,鼓励基层改革创新、干事创业。安远县欣山镇党委在公司资金、运营模式、分红方式和项目经理选聘上强化组织领导,使得各项资源在村级集体经济发展中各用其力、各司其职,从组织上保障了村级集体经济的发展。公司2019年盈利约170万元,21个村(社区)集体经济经营性收入分红5万元,其余的作为发展流动资金。以往集体经济依靠政策性、被动性收入的局面得到扭转。[22]

三、锻造优秀干部队伍,为脱贫攻坚提质增效

习近平同志指出:"提高党的执政能力,关键在于提高包括基层干部在内的各级干部的能力,广大基层干部的工作能力如何,对加强党的执政能力建设具有基础性作用。"①提升基层党组织治理能力,关键在

---

① 《十六大以来重要文献选编》中,361页,北京,中央文献出版社,2006。

人、关键在基层党员干部。培养和选拔党和人民需要的、满意的基层好干部，就要注重组织培养，抓好基层干部的党性教育和公仆意识教育，加大选拔和培养基层干部的力度，激发基层干部干事的活力，积极为基层干部的实践和成长搭建平台，加强干部培训，不断完善基层干部的知识储备，提升其服务意识、增强其处理突发事件的能力和化解矛盾纠纷的本领，坚持正向激励与倒逼机制相结合，激发基层党员干部提升自身素质和治理能力的内生动力，锻造脱贫攻坚战线上最能吃苦、最能干事的优秀干部队伍。

(一)加大干部人才支持力度

赣州市突出用好市委"人才新政 30 条"，在贫困县(市、区)建立院士工作站 9 个；先后选派两批次 16 名卫生人才组成服务团到基层医疗一线挂职服务，推动医疗行业扶贫工作；实施"红土地"人才集聚工程，全市"一村一名大学生工程"招录 3107 人，组织农技员结对帮扶 1023 个贫困村。组织开展乡镇领导班子建设情况分析研判，对 16 名不适应脱贫攻坚工作的乡镇领导班子成员及时进行了撤换并选优配强。加大对贫困地区公务员招录力度，招录计划向贫困县(市、区)乡镇倾斜，允许贫困县(市、区)乡镇按乡镇总体空编 70％以内申报计划。2018 年、2019 年赣州市贫困县(市、区)共申报 758 个招录计划，其中乡镇招录计划553 个，占 72.96％，近 4 年未招录公务员的 28 个贫困县(市、区)乡镇2019 年全部申报了招录计划。调配了一批规划类、农林类等贫困县(市、区)乡镇紧缺专业干部到乡镇任职，助力脱贫攻坚[21]。

(二)优化扶贫干部教育培训

赣州市开展脱贫攻坚主题培训,组建"全市脱贫攻坚干部培训师资库",以"送教下基层"形式到贫困县(市、区)授课,培训扶贫一线干部4000余人次。按照"分级负责、整体联动、全面覆盖"原则,每年对乡镇(街道)党政班子成员、扶贫专干、村党组织书记和村主任、驻村帮扶干部(含驻村第一书记)进行脱贫攻坚全员培训。邀请党史专家讲课,安排党的十九大精神、习近平新时代中国特色社会主义思想等学习内容,提高干部政治素养。2018年以来,市县两级共举办各类脱贫攻坚培训班617期,培训14.9万余人次,其中市本级举办乡镇(街道)党政正职脱贫攻坚、扶贫专干、驻村第一书记、村主任等示范培训班26期,培训4400余人次;贫困县(市、区)乡镇党政正职实现了培训全覆盖。如瑞金市坚持问题导向,以脱贫攻坚战为契机,探索激励村(社区)干部担当作为的新思路、新方法,制定了《关于推动村(社区)干部队伍"三提升"的实施方案》。

(三)正向激励与倒逼机制相结合的干部管理

赣州市全面落实从严治党,不断完善监督考核管理制度,把脱贫攻坚作为绩效考核的重要内容,倒逼干部把主要心思和精力放在脱贫攻坚上,提高村干部待遇,激励干部安心于基层工作。**一是正向激励**。在全省乃至全国率先探索乡镇干部跨县分居"团圆机制"建设,根据乡镇干部德才表现和乡镇工作年限等进行积分,分期分批解决129对夫妻两地分居问题;出台《激励广大干部新时代新担当新作为的若干意见》和《推进干部干事创业容错减责免责的办法》,明确22条激励关爱措施,激励"有错干部"变"有为干部";从优秀乡镇(街道)事业编制人员、优秀村(社区)干部、大学生村干部中选拔262名乡镇领导干部，其中贫困县(市、区)选拔204名，极大地调动了脱贫攻坚一线干部的积极性；连续四年提高村干部报酬待遇，2019年全市村党组织书记、村主任基本报酬平均达到3100元/月，是2018年农民人均可支配收入(899元/月)的3.45倍，基本达到新任职公务员工资水平；一般村(社区)干部报酬达到2500元/月，"离任两老"补助提高至老村支书200元/月、老村主任180元/月，为全省最高。不断激励党员干部在脱贫攻坚中发挥作用、担当作为。**二是倒逼机制**。把脱贫攻坚作为绩效考核的重要内容，并与工资挂钩，将扶贫巡察利剑直插基层。制定《赣州市脱贫攻坚督查工作实施方案》，建立了脱贫攻坚督查人员库，把专项督查、明察暗访、媒体监督和第三方评估作为工作常态，督促指导各级干部在扶贫岗位履职尽责；严格驻村第一书记和驻村工作队员管理考核，实行"一次不在岗、当年不评优、三年不提拔"纪律要求，坚持严管与厚爱结合、约束与激励并重。2018年以来，赣州市共有48名在脱贫攻坚工作中表现优秀的干部被提拔重用到县处级岗位，11个贫困县(市、区)提拔重用优秀第一书记128名、工作队员99名，有45名市派驻村第一书记和工作队员被提拔重用为科级干部；查处扶贫领域腐败和作风问题2536起、4687人，纪律处分868人。

四、抓好党风建设，彰显苏区精神

赣南红土地孕育了伟大的苏区精神，习近平同志将其概括为"坚定

信念、求真务实、一心为民、清正廉洁、艰苦奋斗、争创一流、无私奉
献"。① 赣州市不断加强党风建设，出台《关于解决形式主义官僚主义突
出问题切实为基层减负具体措施的通知》，着重从 6 个方面为干部松绑、
为基层减负。在新时代的长征路上，赣州市全体干部弘扬苏区精神，坚
定理想信念，求真务实，传承革命精神，以人民群众为中心，把为人民
群众谋利益融入党的各项工作之中，坚定不移走群众路线。"乡间夜话"
搭建起干群的"连心桥"，"家访制"为群众送上一粒"定心丸"。党员干部
发挥先锋模范作用，与人民同呼吸、共命运，克己奉公，艰苦奋斗，无
私奉献，力争将赣州市打造成为革命老区高质量发展的排头兵。

（一）干群的"连心桥"："乡间夜话"

上犹县在推进脱贫攻坚工作中，将"乡间夜话"作为干部的"练兵
场"、干群的"连心桥"、发展的"助推器"，常态化开展该活动（图片 7-
2）。深入扶贫工作的干部利用晚饭后时间，采取拉家常模式，与群众
"同照一盏灯、同围一张桌、同坐一张凳、同谈一席话"，谈政策、访民
情、解民难、议发展，促使党员干部在一线办公、解决问题，打通了服
务群众"最后一公里"。**一是采取"1＋N"的形式，领导干部全参与。**由
县级干部带头、帮扶干部参与，深入挂点联系的 1 个贫困村和 N 个非贫
困村开展"乡间夜话"。2018 年以来，全县已开展 2800 多场次，实现
131 个行政村、2452 个村民小组全覆盖。**二是立足实际，活动形式多样**

---

① 参见光明网：《习近平在纪念中央革命根据地创建暨中华苏维埃共和国成立 80
周年座谈会上讲话》，2011-11-04。

化。紧紧围绕当前工作重心，精心策划了以围桌闲谈、文艺活动、个别走访、现身说法、群众评议、电影下乡、观看视频等群众喜闻乐见的形式开展的"乡间夜话"活动，充分调动广大群众的参与热情。**三是群众有呼声，干部有回应**。始终坚持问题导向，把发现问题、解决问题贯穿"乡间夜话"活动始终，存在什么问题就商讨解决什么问题，什么问题突出就重点研究解决什么问题，搜集、解决了一大批历史遗留问题和影响群众生产生活的节点、难点。**四是从严抓管理，督查促长效**。为保证"乡间夜话"活动效果，将活动开展情况纳入年度考核内容，要求干部做到"四必须、四不准"，即必须说清会议意图、必须认真倾听、必须认真做笔记、必须耐心解答，不准随意接打电话、不准打断群众说话、不准顶撞指责群众、不准打官腔说套话[23]。

图片 7-2 上犹县"乡间夜话"

(二)群众的"定心丸"："家访制"

宁都县为进一步转变工作作风，密切党群干群关系，夯实精准扶贫工作基础，决定在精准扶贫结对帮扶中实施"家访制"，主动与群众面对面沟通、心贴心交流，了解广大群众生活状况，切实做到精准施策，为群众解难事、办难事、做好事。以"贫困户重点访、非贫困户普遍访"为路径，所有帮扶干部开展"一讲二问三帮"工作。**一讲**：宣讲政策。宣讲各项扶贫政策，提升群众"知党恩、感党恩"的思想意识，坚定群众"听党话、跟党走"的信念。**二问**：问家庭情况，问意见诉求。对每一户的家庭情况都了然于胸，对贫困户急需解决的问题做到心中有数、有策可施。**三帮**：帮助落实政策，帮助解决问题，帮助化解矛盾。帮助落实各项扶贫政策，确保应享尽享；开展志智双扶，对常见性、多发性矛盾纠纷、倾向性问题及时进行教育引导，协调有关部门联合化解，激发内生动力，增强脱贫信心。把解决问题贯穿"家访制"实施过程始终，按照"谁家访、谁负责"的原则，带着感情进村入户，不搞形式主义，不走过场，及时了解新情况、新问题，并予以解决。县委组织部把"家访制"落实情况列入部门单位驻村帮扶和干部结对帮扶的重要考核内容、纳入各级党组织书记年度抓党建述职评议考核内容，力争做到"户户过点，村村过筛"，增强群众的获得感、幸福感和满意度[24]。

(三)树立先锋模范：党员创业致富带头人

石城县认真落实国务院扶贫办《关于组织实施扶贫创业致富带头人培训工程的通知》精神。2017年3月，石城县制定了《创业致富带头人"千人铸造计划"实施意见》，争创"全国贫困村创业致富带头人培训工作示范县"，着力打造"党建＋创业致富带头人"。截至2019年6月，石城县"创业致富带头人"共计706人，其中党员（含预备党员）225人，向党组织递交入党申请书的109人，充分发挥了党员先锋模范作用。石城县结合实际提出了"两个三"培育方略，即一定要有致富带头人的加入，一定要有"创业致富带头人"的引领帮带，一定要有党的组织部门牵头抓总的"三个一定要有"方略和村级党组织必须优结构，党员队伍必须当先锋，致富带头人必须重创业、明责任、致富带贫奔小康的"三个必须"目标。石城县"党建＋创业致富带头人"培育模式主要从以下几个方面开展：**一是严格筛选。**对政治思想强、创业意愿强、创业基础强、带领能力强的村"两委"干部、村干部后备人选、农民专业合作社负责人、农村党员、退伍军人等人员优先推荐。**二是实行"三级"联审的申报程序。**即个人报名、村级推荐、乡镇初审、县级确定，确保培育对象政治合格、基础良好、群众认可。**三是创新帮带等级和形式。**石城县根据帮带贫困户数量把"创业致富带头人"分为 1A 到 5A 五个等级，将带贫作为"创业致富带头人"的阳性目标，签订帮带目标责任书，带动不少于 5 户建档立卡贫困户增收脱贫，帮带时间不少于 1 年；实行租赁返贫帮带、抱团合作帮带、电商代销帮带、订单收购帮带、协会吸纳帮带、代种代养帮带六种帮带形式，激发贫困户内生动力，带动稳定增收脱贫。**四是聘任"创业导师"。**实行老师带学生、师傅带徒弟，教学相长、培带并进。制定导师选聘标准，从县内外选聘导师，与培训对象签订"一对一"结对帮带协议。**五是建立激励机制。**建立致富带头人帮带贫困户台账，实行"记实"管理，半年一评估，一年一考核。对被评为 A 级以上的"创业致富带头人"，每帮带 1 户贫困户务工、新增收入 1 万元以上，奖励 1000元；每帮带 1 户贫困户发展产业、新增收入 1 万元以上，奖励 2000 元；帮带 100 户以上的，以"一事一议"方式兑现奖励；被评为"石城县创业致富带头人"的，以县委县政府名义颁发荣誉证书和授牌。对带贫成效显著的"创业致富带头人"，优先聘为"创业导师"、发展为中共党员和村"两委"干部等；对积极向党组织靠拢的"创业致富带头人"，县委组织部建立专门台账，指导乡村党组织重点跟踪培养。2018 年以来，有 154 名"创业致富带头人"通过选举进入村"两委"班子。**六是组建社会联合党支部和"创业致富带头人协会"**。通过组建联合功能性党组织，使分散在非公经济和社会组织中的党员有了组织的管理和帮助，使带头人中的群众有了申请入党的组织；通过组建石城县"创业致富带头人协会"，搭建信息交流和共享平台，组织座谈交流，加强技术、劳力互助，共享创业信息、资源，分享经验教训，互促共勉、共同提高[25]。

五、赣州市党建扶贫经验总结

党的基层组织处于脱贫攻坚的最前沿，既是党在贫困地区领导脱贫攻坚的旗帜和堡垒，又是党与贫困地区人民群众联系沟通的桥梁与纽带。习近平总书记强调，"越是进行脱贫攻坚战，越是要加强和改善党的领导"。① 赣州市围绕"扶贫抓党建，抓好党建促脱贫"，充分发挥基层党组织战斗堡垒作用，有力地促进了扶贫开发工作与基层党建工作的良性互动，为打赢脱贫攻坚战提供坚强组织保证。主要在三个方面取得显著成效：一是弘扬"长征精神"与"苏区精神"，发扬苏区干部好作风，推动党建扶贫；二是市委以"基层党建质量提升行动"为抓手，选优配强

---

① 《习近平谈治国理政》第 2 卷，85 页，北京，外文出版社，2017。

基层党组织配套人才，建立了政治功能齐全、组织能力强的基层党组织，筑牢脱贫攻坚战斗堡垒；三是不断加大干部人才支持和干部教育培训力度，提高干部政治素养，坚持正面激励和反向问责“双管齐下”，激发工作积极性、主动性，打造一支特别能吃苦、特别能攻坚的干部队伍。赣州市发扬苏区革命精神，坚持以习近平新时代中国特色社会主义思想为统领，紧密围绕精准扶贫中心工作，始终坚持高标准、严要求，切实发挥党建引领作用，以扎实作风引领脱贫攻坚，为全市打赢脱贫攻坚战作出新的更大的贡献。

第八章 ┃ 立意于长远，培基"乡村振兴"

随着改革开放，老区扶贫脱贫工作应运而生，这项工作是中国贫困治理事业的重要组成部分。赣南苏区是一片红色土地，在战火纷飞、硝烟弥漫的年代，老区人民与中国共产党患难与共，作出了巨大的牺牲，为夺取中国革命的伟大胜利立下不朽功勋。如今硝烟已散，但号角声未远，一场新时代的反贫困斗争在这片红色土地上逐渐兴起。面对重重困难，赣州广大干部群众不畏艰难，始终坚持艰苦奋斗、戒骄戒躁的作风，脚踏实地为扶贫事业奉献一己之力。赣州人民传承红色基因，将艰苦奋斗、勤劳勇敢的长征精神融入自己的血液中，提高脱贫志气，打牢脱贫地基，通过自己的努力改变命运。依靠产业与就业双创扶，赣州市委市政府明确思路、科学规划，打造产业带动就业、就业带动贫困群体的大格局。借助特有生态资源与传统历史文化，赣州市多方推动，将生态与文化有机融合，为未来全域经济发展奠定基调。以政府为主导，赣州市编制安居住房、健康医疗、民生兜底的社会民生工程网络，提升人民幸福感和社会认同感。在这场没有硝烟的战斗中，政府作为脱贫攻坚战的"领头羊"，科学布局、统一指挥。如今赣州市已取得阶段性胜利，这其中的脱贫攻坚历程刻画出新时代背景下市级脱贫攻坚的扶贫模板。脱贫攻坚的多种举措为下一步乡村振兴的发展提供了坚实的物质基础和有力的组织保障，为未来农业农村发展明确了方向。

一、赣州扶贫脱贫的实践经验

老区扶贫工作是我国扶贫历程中的重要环节，老区扶贫成功与否代表着我国扶贫成绩的高低。赣南苏区作为原中央苏区的核心区，在历史上发挥着举足轻重的作用。如今，随着国家扶贫政策的不断倾斜和照顾，使得赣南地区经济得以焕发生机，脱贫攻坚取得阶段性胜利。这些成就离不开政府的科学指导，离不开长征精神和苏区精神的强大支撑，也离不开在这片土地上生活的千千万万普通群众。

(一)志智双扶，激发内生动力

"橘生淮南则为橘，生于淮北则为枳"，外在条件的变化决定了同一事物的不同发展方向。在政府扶贫政策支持下，各贫困地区的落后面貌已基本改善。但是外因的表现必然是通过内因才能发挥作用，因此改变贫困地区思想上的贫困更为深入、更为艰难。2017 年，习近平总书记在深度贫困地区脱贫攻坚座谈会上指出"扶贫要同扶智、扶志结合起来"[26]。2018 年，习近平总书记在打好精准脱贫攻坚战座谈会上再次强调："要加强扶贫同扶志、扶智相结合，激发贫困群众积极性和主动性，激励和引导他们靠自己的努力改变命运。"①改进帮扶方式，提倡多劳多得，营造勤劳致富、脱贫光荣的氛围。可见扶志与扶智在脱贫攻坚工作中的重要性。

扶贫先扶志。扶贫工作必然离不开"输血"，需要政府机关送钱送物，但这只是扶贫工作的开端。若要实现贫困地区真正意义上的脱贫，还需激发贫困户的主观能动性，提升贫困地区整体劳动素质，促使贫困群众愿意"飞"。革命老区赣州市发挥艰苦奋斗的长征精神，在扶志上下足功夫。**推动扶德扶智感恩奋进活动**。定期举办"乡间夜话"，开展"赣南新妇女"运动，让贫困群体鼓足精气神，团结一致向前进。**以新时代实践中心为平台**。开展爱心帮扶、建设"孝老食堂"、组建"脱贫（扶贫）典型宣讲团"，开展"我的扶贫脱贫故事"巡回宣讲。以身边事调动群众主观能动性，培养贫困群众脱贫意愿。**大力推行乡风文明建设**。开展赌博专项治理，整治"三沿六区"乱埋乱葬。制定村规民约，加强对高额彩礼、厚葬薄养、赌博致贫、子女不赡养老人等问题的专项整治。赣州市注重发挥贫困群众主体作用，弘扬苏区精神，提振信心、艰苦奋斗、自力更生，激发个体主观能动性，让贫困

---

① 《在打好精准脱贫攻坚战座谈会上的讲话》，25 页，北京，人民出版社，2020。

群体树立美好生活的愿景。

扶贫必扶智。授人以鱼不如授人以渔，教育是阻断贫困代际传递的最好途径。针对不同群体，赣州市实施差别化教育扶贫。一是**扶智与义务教育**。加强教育软硬件设施，改造和新建学校基础设施，壮大教师队伍，平衡教育资源。实施"双线排查法"筛选贫困学生，加大贫困学生补助力度，不让一名学生掉队。运用学籍管理系统和"教师访万家"活动，动态化管理学生就学状况，加强控辍保学，不让学生因贫失学。二是**扶智与职业教育**。职业教育的目的在于为个人谋生作准备。赣州市以专业技能培育和服务地方经济为目标，有的放矢地组织专业技能培训，提高贫困群体劳动能力。在江西省首创"农家书屋＋电商"模式，盘活农家书屋，鼓励贫困群体多学习以提升技能，既富"脑袋"又富"口袋"。建立电商学院，定期开展培训，创造就业机会，提高贫困群体务工工资水平。

"志不强者智不达，智不达者事不成"，二者相辅相成。失去"志"，"智"则为无本之木；失去"智"，"志"则为无源之水。赣州市注重培养贫困群体自我发展意识，使其拥有"未来可期"的动力和能力；充分发挥艰苦奋斗、自强不息的长征精神，引导和鼓励贫困群众用自己的双手勤劳脱贫致富、创造美好生活。

(二)产业与就业双创扶，打造脱贫"高地"

《中共中央国务院关于打赢脱贫攻坚战的决定》提出"到 2020 年确保我国现行标准下农村贫困人口实现脱贫，贫困县全部摘帽，解决区域整体性贫困"，产业扶贫和就业扶贫在这其中发挥着重要作用。党中央将脱贫攻坚工作纳入"五位一体"总体布局和"四个全面"战略布局中，作为实现"两个一百年"奋斗目标的重要任务。这其中，能够使脱贫攻坚成效显著的必然是产业扶贫和就业扶贫。

农民生活富裕，产业是首位。产业扶贫是"五个一批"中的"第一批"，是实现农户稳定脱贫与可持续发展的重要举措。只有构建科学的产业扶贫体系，才能保障贫困群众稳定增收。赣州市将产业扶贫作为打赢脱贫攻坚战的重要举措，依托资源禀赋，秉持"长效与短平快相结合、种植业与养殖业相结合"的原则，创新推广"五个一"产业扶贫机制。助推农业产业与新型经营主体联结，通过合作社、农业企业带动贫困户增收。坚持"产业为基础，创新利益联结机制"，探索利益联结机制，实现对贫困户的多层覆盖，降低农户生产风险。以产业为平台，整合贫困户自有资产和扶贫资金，由新型经营主体以市场化形式代为经营，并将收益落实到个体贫困户，为农户生产生活保驾护航。

产业扶贫与就业扶贫相辅相成，产业扶贫"扶"的根本在于贫困户，而带动贫困户长效发展的根本在于就业，有就业，就会有创收。赣州市多措并举，根据贫困户劳动能力和意愿，通过转移输出、建设扶贫车间、开拓扶贫专岗等措施，吸纳贫困劳动力，保障贫困户收入来源多元化，降低返贫风险。这样，一方面解决贫困户就业难、收入单一的问题，另一方面提高贫困户自身技能水平，增强抗风险能力。贫困户自食其力、自主脱贫，从而让老百姓有尊严地脱贫，有效解决"怎么扶"的问题。

赣州市委市政府站在长远发展的角度，将产业与就业充分结合，多种产业类型按照"长短结合、种养结合"的方式，织密产业扶贫网络。在每个产业生产环节，增设不同类型的就业岗位，保障贫困户有稳定收入，从而为后续脱贫攻坚成果的巩固夯实基础。

(三)生态与文化相融合，多维度促脱贫

贫困地区不仅要着重发展经济，更要注重后续生态环境保护。作为贫困区、革命老区、生态脆弱区、少数民族聚居区的叠加市，赣州市各县乡贫困人口构成复杂、自然禀赋与生态系统差异大、民族历史文化变迁多。多年来，赣州市将扶贫政策与当地生态环境、民族历史文化妥善融合，通过深入发展生态文旅产业精准扶贫，坚持高位推动、综合施策、多措并举，走生态产业化、产业生态化的扶贫之路。**一是内生路径，变生态文化优势为产业优势**。来自民间的文化，总是具有神奇的魅力。"儿时空空山谷，千年悠悠歌声"，客家山歌是客家传统文化的优秀代表。在市场经济条件下，赣州市依托独具特色的客家文化、生态景观和红色资源，将客家文化与红色旅游、生态景观有机结合，把资源转化为文化产品，推动红色文化旅游大格局形成，释放文化红利，带动周边贫困人口脱贫。随着物质生活水平的提升，人们的需求层次不断提高，不再只满足于吃得饱、穿得暖，而是更加追求物质产品的质量和体验感。因此，赣州市依托特有生态资源，借助品牌效应，推广本地绿色、无污染的特色扶贫产品，增值生态资产，满足人们对生态产品的需求，进而实现生态产业化，带动贫困户增收脱贫。**二是外引路径，构建文化、体育、康养的生态产业**。休闲观光农业旅游扶贫对贫困户经济带动显著，减贫成效较高。赣州市鼓励各县(市、区)因地制宜引入生态产业，借助外力实现生态产业化，打造"旅游＋"生态观光模式。各县(市、

区)从自身资源特色出发,依靠农村田园风光和农业,利用体验式、参与式的方式,形成互动式的农村田园旅游,进而促进周边地区经济发展。**三是"整体提升"路径,形成贫困地区可持续发展模式。**赣州市打破"越穷越垦越流失、越流失越垦越穷"的怪圈,针对山地居多地区,在倡导发展经济的同时更注重生态环境的整体可持续性。政府通过整合资源、修复生态,改善人居环境。针对生态环境脆弱地区,赣州市通过保持水土资源助力生态产业,为现代农业产业发展提供生态屏障。在我国脱贫攻坚的关键时期,习近平总书记提出"绿水青山就是金山银山"的理念。赣州市真正将生态产业化、产业生态化落到实处,做到精准,实现生态美、产业旺,为脱贫攻坚增加经济效能和动力。

(四)巩固民生工程,有效保障群众基本生活

党的十九大报告明确指出,我国社会主要矛盾已经转化为人民日益增长的美好生活需要和不平衡不充分的发展之间的矛盾,这标志着以高端民生需要为主要任务的新时代已经到来[28]。民生保障工程让更多贫困群体看到希望,它关系到人民的幸福感和认同感。安居扶贫解决了贫困群体"住"的问题,健康扶贫解决了贫困群体"看病难"的问题,社会保障兜底保证了贫困群体基本生活。

安居才能团聚,中国自古以"家"为核心,"家"是一个家庭的精神支柱,可见"家"在中国家庭中的重要地位。赣州市为保障贫困群体住房安全,对于不同现实情况和贫困户类型精准施策,实施靶向治疗。一是改造农村危旧土坯房。对于透风漏雨的危旧土坯房,加大改造和修缮力度,让贫困户住得安心。二是推进易地扶贫搬迁。赣州市严守

"四线"，站在长远发展的角度，充分考虑搬迁与贫困户后续发展问题，按照贫困户劳动能力和意愿，以安置区资源为准，有步骤、有计划地实施搬迁工程，确保贫困户"搬得出、稳得住、能致富"。三是建设农村保障房。政府出资，就地、就近新建产权共有、适宜居住的保障房屋。四是解决老人住老房。引导、劝说子女赡养老人，保障老人有房住、有人照料。

健康才能发展，找准病因、对症下药是赣州市健康扶贫的主要方向。近年来，赣州市构建"四道医疗保障线"，层层布局、道道把关，保障贫困群体看得起病。发放城乡医保一卡通，织密城乡居民全民医保网。关注弱势群体，平衡医疗资源。实施贫困地区儿童营养改善，保障祖国的未来苗壮成长。关注妈妈健康，实施农村孕妇住院分娩补助，提升社会认同感。加强残疾人健康扶贫工作，切实关注残疾人就医状况。赣州市通过定规划、定范围、定举措，逐渐搭建起健康扶贫保障墙，促进因病致贫贫困群体范围不断缩减，打造赣州市健康扶贫新模式。

加固扶贫最后一道保障线。赣州市严格落实政策，确保脱贫兜底到位，着力抓好"兜谁""怎么兜"问题。深入开展农村低保专项治理，实施动态管理，实现"应保尽保"。加强社会救助保障标准自然增长机制与物价上涨联动机制的联系，随市场变动逐年提高保障标准。压缩残疾人证、慢性病认定证明办理流程，解决贫困群体办理难、耗时长问题。

赣州市社会民生事业从政策制定到政策落实，始终坚持"接地气"原则，从贫困群体角度出发，抓住人民幸福、人民信服这根线，坚持政策延伸性，切实让社会民生事业落地生根，让群众切实享受扶贫红利。

(五)"不忘初心"与"苏区精神"是赣州模式的精神支柱

赣州是中国脱贫攻坚的主要战场之一，在这没有硝烟的战场上，赣州市在党和国家的政策支持下，积极引导贫困群众从贫困中走出来，向未来的美好生活前进。从赣州市的党建促脱贫、产业打头阵、就业致富路、生态作屏障、消费激活力、电商添翅膀、安居挪穷窝、兜底有保障中，我们看到了赣州市脱贫攻坚的明确思路和方法、智慧，这离不开党和国家对革命老区赣州的正确指引及关怀。习近平总书记先后9次作批示，为赣南苏区发展定基调、明思路。2019年5月20日，习近平总书记在赣州市考察，肯定苏区扶贫工作，对未来苏区发展指明方向，成为赣南苏区人民不断奋斗的"强心剂"。从赣州市强有力的政策支持、源源不断的资金注入和人才涌入、接连不绝的项目技术中，我们看到了赣州市脱贫攻坚砥砺前行的坚定信心，这离不开39个国家部委的倾力支持。赣州市充分利用这一机遇，将地区特色与部委职能特色相结合，形成多层次、全方位覆盖的政策支持体系。从赣州群众的幸福感、社会认同感中，我们看到了赣州市委市政府脱贫攻坚、为民谋福的决心。习近平总书记指出："苏区精神，承载着中国共产党人的初心和使命，铸就了中国共产党的伟大革命精神。"①苏区精神是"打江山"与"建设江山"的精神

---

① 《习近平关于"不忘初心、牢记使命"论述摘编》，17—18页，北京，党建读物出版社、中央文献出版社，2019。

指导，赣州市委市政府始终坚守这一精神，将其融入各级干部的工作生活中，鼓励干部站到群众一边，关心群众疾苦，与群众手牵手、肩并肩，共同打赢脱贫攻坚这场战役。从全体群众吃苦耐劳的精气神、坚韧不拔的生活作风中，我们看到了赣州人民脱贫攻坚抓铁有痕的行动力。在这片红色土地上，勤劳、乐观、血性、忠诚、善良的红色精神已深深烙印在每一位赣州儿女身上。面对贫困的折磨，他们自强不息，始终跟着党走，在绝地中反击，在困境中寻求生活的希望。党和政府深切的关怀是他们披荆斩棘的动力来源，脱离贫困是他们对美好生活的殷殷期盼，党的指挥是他们一步一个脚印的指示灯塔。这片红色土地养育了成千上万为未来拼搏的"长征人"，这个时代为他们铸就了无限的发展可能，他们深知前方荆棘遍布，仍要继续积聚潜能、焕发生机！

二、脱贫攻坚与乡村振兴有效衔接的启示

脱贫攻坚与乡村振兴是我国农村发展不同阶段的重要战略部署，二者形成以内容共融、作用互构、相互促进为表征的互涵式关系。脱贫攻坚是乡村振兴战略实施的前提保障和重要基础，乡村振兴是对脱贫攻坚成果的再次升华。目前，我国脱贫攻坚成绩斐然，特别是革命老区，这与党和政府在体制机制、政策落实、成效认定等方面的创新和实践有密切关系。习近平总书记在陕甘宁革命老区脱贫致富座谈会上说："我们实现第一个百年奋斗目标、全面建成小康社会，没有老

区的全面小康，特别是没有老区贫困人口脱贫致富，那是不完整的。"①赣南等原中央苏区在中国革命史上具有特殊重要的地位，赣州市是赣南等原中央苏区的核心区。到 2019 年 4 月，江西省剩下的 10个贫困县中赣州有 6 个，赣州的贫困人口主要在农村，而且其"三农"问题特别突出。赣州市的脱贫攻坚是全省脱贫攻坚的重中之重。因此，赣州市打赢脱贫攻坚战和实施乡村振兴战略具有重大政治意义[29]。在这一背景下，进一步巩固脱贫攻坚成果，推进脱贫攻坚与乡村振兴实现有效衔接成为我国即将面临的主要任务。基于对脱贫攻坚战略要义的准确把握以及对乡村振兴战略的合理理解，未来二者的衔接重点应主要集中在政策指向由"特惠定制"向"全民普惠"转变、产业发展由"快速脱贫"定位为"可持续性"、文化建设内涵上升为"乡风文明"三个维度上的逻辑转换，才能破解乡村振兴对接脱贫攻坚的困境，实现农业农村长效可持续发展。

(一)政策指向由"特惠定制"向"全民普惠"转变

精准扶贫的关键在于"精"，这一观念贯穿于整个扶贫过程中。随着扶贫进入冲刺阶段，我国扶贫地区的整体贫困状况已经趋于缓和，但是并不意味着贫困已经消失。在未来发展阶段里，贫困还是会以相对贫困的形式存在并对社会经济发展产生影响，这一"接力棒"将由乡村振兴全面承担。党的十九大报告明确指出，我国社会主要矛盾已经转化为人民

---

① 《把革命老区发展时刻放在心上——习近平总书记主持召开陕甘宁革命老区脱贫致富座谈会侧记》，载《人民日报》，2015-02-17。

日益增长的美好生活需要和不平衡不充分的发展之间的矛盾。面对不同的局势转变，政府应作出不同回应。在脱贫攻坚与乡村振兴的叠加期，发展中最不平衡不充分的是农村发展的不平衡不充分，原来针对目标对象所制定的"特惠政策"需逐渐退出历史舞台。而政府所要做的是将目标对象范围进一步扩大，从而实现政策的"全民普惠"，进而推动全国范围内农村发展的平衡性与充分性。与脱贫攻坚的目标对象不同，乡村振兴面向的是全国范围内的农村地区和广大农民，在保障贫困地区基本生存需要的基础上，更加重视满足各地区农村农民多样的发展需求，是解决发展不平衡不充分的问题的根本之策。就贫困户而言，当前各地区贫困户在金融支持、资产收益、大病保障、务工救济等方面均享有特殊关照，使得大量贫困群体摆脱贫困的困扰。在新时代的发展中，我们始终要以全体人民的发展为发展。因此，未来扶贫政策与乡村政策对接后，政策受众面应该更广，受惠群众数量应该更多，同时避免扶贫政策的"悬崖效应"，从而平行推向非贫困群体。此外，贫困边缘户的返贫问题需引起政府的重视，建立有效的防贫防返贫机制和动态监测系统是促进扶贫成果稳定的有效举措，通过对相对弱势群体的鉴定和帮扶解决农户之间发展不平衡的矛盾。就贫困地区而言，乡村振兴首先将解决地区之间发展的非均衡性，通过基础设施建设和公共服务、产业发展、治理能力的提升来实现贫困地区的整体性发展。与发达地区相比，贫困地区和欠发达地区更具一定的发展潜力，同样的资源投入带来的边际报酬较高。乡村振兴过程中，大量人力、物力、财力的投入将在脱贫的基础之上实现这些地区经济社会发展的再一次腾飞，能对破解贫困地区和其他地区发展中的非均衡性矛盾发挥一定的作用，也能对巩固和提升贫困地区的脱贫质量发挥有效的作用。

(二)产业发展由"快速脱贫"定位为"可持续性"

脱贫攻坚已经进入"冲刺"阶段,各项工作的执行和收尾是关键;乡村振兴还处于"起跑"阶段,科学规划、有效衔接和打牢基础是重点。在脱贫攻坚时期,地方积极贯彻习近平总书记关于贫困地区发展的指导性意见,深入学习习近平总书记关于扶贫工作的重要论述,尽锐出战、合力攻坚,并取得决定性胜利。习近平总书记指出,发展产业是实现脱贫的根本之策,要因地制宜,把培育产业作为推动脱贫攻坚的根本出路。因此,因地制宜发展贫困地区产业是确保贫困地区实现经济可持续创收的有效途径,而这也为乡村振兴发展提供了坚实的经济基础。脱贫攻坚时期,贫困地区产业发展的主要目标是带动贫困户、贫困村在短时间内脱贫,其特点是短期性、突击性和运动性,伴随而来的是当地产业是否能够与生态环境和谐共存、是否能够为未来创业就业营造良好氛围等问题。乡村振兴则是站在更为长远、稳定的角度来看待农村发展,其特点是长远性、稳定性和常规性。因此,未来我国农村产业发展更应注意以下几点:首先,要注重当地产业与生态环境的融合度。政府积极引导并作出前瞻性安排,推动当地产业与生态环境有机融合、协调发展并形成良性互动,做到既要金山银山,也要绿水青山。其次,将产业带动的可持续性作为发展重点。短时性带动农户增收始终解决不了根深蒂固的贫困问题,只有实现农户长期稳定增收才是解决贫困问题的最佳方案。从农村整体经济结构来看,产业结构比较单一、产品结构层次低、产业融合链条短、产品附加值不高、产业融合带动性不强，这些均使得产业综合效益低。因此，未来发展中第一、第二、第三产业融合发展是我国农村产业的必然趋势，这其中能够提供的就业岗位是目前的产业结构带动所不能及的。最后，解决易地扶贫搬迁后农民的就业问题亦是政府需要重视的。政府应该做到积极落实党中央的具体政策，主动谋划产业发展，突破发展瓶颈，不断培育地方特色，创造产业优势，将产业与生态、产业与就业充分融合，实现产业的可持续性。

(三)文化建设内涵上升为"乡风文明"

农村发展离不开政府和社会力量的帮扶，但这并不是贫困群体过度依赖、缺乏自我的理由。脱贫攻坚诸多成效彰显了我国集中力量办大事的优势，全国贫困地区整体经济水平、制度环境已有所改善。乡村振兴作为未来我国农村发展的重要战略部署，是对脱贫攻坚成果的再次升华。在二者相应的制度衔接中，需要公共政策、公共服务和基础设施的支持，这离不开乡村振兴战略的实施，也对乡风文明建设和社会治理体系提出了更高要求。乡村振兴是破解新时代我国社会主要矛盾的重要战略部署。从已经形成的乡风文化和乡村治理体系的关系演变中逐渐提炼乡风文化的时代价值，有助于重塑我国广大乡村文明之风，有助于乡村治理体系建设。文化建设内涵上升为"乡风文明"，是乡村振兴的重要抓手，也是乡村振兴的重要内容。实施乡村振兴的主要要义是让广大农民在物质层面和精神层面得到更多的满足感和幸福感。通过发掘广大乡村的农耕文化、民俗文化、传统历史文化，特别是革命老区的精神文化，培育新时代优秀文化，实现乡村文化繁荣发展，焕发乡风文明新气象。

三、结语

消除贫困、改善民生、逐步实现共同富裕，是社会主义的本质要求，是中华民族孜孜以求的梦想。然而，生产力的发展、技术的革新、财富的集聚始终磨不平贫困的烙印。贫困几乎与人类社会一样悠久长存，但这打不倒勤劳勇敢的赣南人民。每一代人有每一代人的长征路，每一代人都要走好自己的长征路。[30]赣州市委市政府带领着赣南苏区人民率先实现脱贫摘帽，他们用行动回答了欠发达革命老区如何实现精准脱贫的时代之问。在赣南苏区这片红色大地上，赣州人民吹响扶贫的号角，以时不我待、只争朝夕的精神，为革命老区的脱贫攻坚绘出一条曲折悠长的长征路，为未来乡村振兴战略的实施提供参照样本。云雾萦绕于山顶，江河盘绕着这座红色古城，战争的洗礼抹不去赣州人民对生活的希望，重重的磨难使赣州涅槃重生！

参考资料

[1] 赣州市人民政府:《全国革命老区扶贫攻坚的"赣州样本"》,2015。

[2] 赣州市人民政府:《源远流长的"江南宋城"》,2019。

[3] 赣州市人民政府:《赣南苏区振兴发展情况汇报》,2019。

[4] 赣州市人民政府:《赣州市脱贫攻坚总结材料》,2019。

[5] 赣州市人民政府:《赣州市农村贫困人口情况及现状调查报告》,2013。

[6] 兴国县人民政府:《中共兴国县委 兴国县人民政府关于"一边倒"推进脱贫攻坚工作的通知》,2018。

[7] 瑞金市文化广电新闻出版旅游局:《瑞金市旅游扶贫工作情况汇报》,2019。

[8] 范小建:《60年:扶贫开发的攻坚战》,载《求是》,2009(20)。

[9] 赣州市人民政府:《点亮赣南脱贫攻坚星火——赣州市脱贫攻坚战特色亮点汇编》,2018。

[10] 赣州市人民政府:《全县重点农业产业发展基本情况》,2019。

[11] 于都县人民政府:《向天借力聚财富 持续增收助脱贫——于都县光伏产业扶贫工作情况汇报》。

[12] 赣州市人民政府:《赣州扶贫特色亮点材料汇编》,2019。

[13] 石城县精准扶贫工作领导小组办公室:《石城县兜底保障扶贫工作情况汇报》,2019。

[14] 赣州市人民政府:《内外兼修 标本兼治——赣州市精神扶贫经验做法》,2019。

[15] 兴国县精准扶贫工作领导小组办公室:《关于转发〈激发内生动力 争当脱贫先锋——埠头乡"评分定星"工作经验做法材料〉的通知》,2019。

[16] 上犹县精准扶贫工作领导小组办公室:《水土保持减贫实践与启示》,2019。

[17] 安远县人民政府:《新华99服务乡村振兴行动——鹤子镇运营中心简介》,2019。

[18] 安远县电子商务办公室:《以"小电商"撬动"大扶贫"》,2019。

[19] 会昌县村民委员会:《关于配齐村妇女小组长进一步夯实最基层妇联组织的通知》,2018。

[20] 南康区精准扶贫工作领导小组办公室:《南康区脱贫攻坚资料汇编》,2019。

[21] 赣州市人民政府:《赣州市抓党建促脱贫攻坚工作情况汇报》,2019。

[22] 安远县人民政府:《坚持党建引领 大力推进村级集体经济发展——安远县欣山镇集体经济先行先试发展案例》,2019。

[23] 上犹县精准扶贫工作领导小组办公室:《上犹县脱贫攻坚特色亮点工作》,2019。

[24] 宁都县人民政府:《关于在精准扶贫结对帮扶工作中实施"家访制"

的通知》,2019。

[25] 石城县精准扶贫工作领导小组办公室:《夯实村级党建基础　提升脱贫帮带能力》,2019。

[26] 人民网,《念兹在兹,习近平十句话"把脉"少数民族脱贫攻坚》,2019-04-12,http://politics. people. com. cn/n1/2019/0412/c1001-31026911. html。

[27] 新华网,《习近平:决胜全面建成小康社会　夺取新时代中国特色社会主义伟大胜利——在中国共产党第十九次全国代表大会上的报告》,2017-10-27,http://www. xinhuanet. com//2017-10/27/c_1121867529. htm。

[28] 郑功成:《中国民生保障制度:实践路径与理论逻辑》,载《学术界》,2019(11)。

[29] 朱启铭:《脱贫攻坚与乡村振兴:连续性、继起性的县域实践》,载《江西财经大学学报》,2019(3)。

[30] 徐江明、曾能贵、刘金生等:《红都赶考——一份革命老区的脱贫答卷》,南昌,江西人民出版社,2019。

图书在版编目（CIP）数据

不让一个老区群众掉队：江西赣州脱贫攻坚经验 / 张琦等
著. —北京：北京师范大学出版社，2021.6
（新时代脱贫攻坚研究系列）
ISBN 978-7-303-27033-0

Ⅰ.①不… Ⅱ.①张… Ⅲ.①扶贫—经验—赣州
Ⅳ.①F127.56

中国版本图书馆 CIP 数据核字（2021）第 104616 号

营 销 中 心 电 话 010-58805385
北 京 师 范 大 学 出 版 社
主题出版与重大项目策划部 http://xueda.bnup.com

BURANG YIGE LAOQU QUNZHONG DIAODUI：
JIANGXI GANZHOU TUOPIN GONGJIAN JINGYAN

出版发行：北京师范大学出版社　www.bnup.com
　　　　　北京市西城区新街口外大街 12-3 号
　　　　　邮政编码：100088
印　　刷：北京京师印务有限公司
经　　销：全国新华书店
开　　本：710 mm×1000 mm　1/16
印　　张：11.5
字　　数：150 千字
版　　次：2021 年 6 月第 1 版
印　　次：2021 年 6 月第 1 次印刷
定　　价：56.00 元

策划编辑：祁传华　　　　　责任编辑：林山水
美术编辑：王齐云　　　　　装帧设计：王齐云
责任校对：丁念慈　　　　　责任印制：陈　涛